# ウルトラ怪獣消しゴム図鑑

円谷プロダクション・監修

# CONTENTS

004 ウルトラ怪獣消しゴムの魅力
005 ウルトラ怪獣消しゴム年表
006 ウルトラ怪獣消しゴムってどんなもの？

## 007 第1章 スタンダード編

008 ポピー ウルトラ怪獣消しゴム
031 バンダイ ウルトラ超伝説 アンドロ超戦士
033 ポピー ウルトラマン消しゴム（ベンダブル）
034 バンダイ ウルトラ怪獣消しゴム スペシャルコレクション
036 ポピー ウルトラマン怪獣・ウルトラ怪獣イレブン・他
037 バンダイ ザ☆ウルトラマン
039 ユタカ アンティッQ 懐獣大集結
043 丸越 ウルトラマンシリーズ 怪獣ケシゴム
045 丸越 ウルトラマンシリーズ（大サイズ）
046 丸越 ウルトラマンシリーズ（ポーズ）
　　丸越 ウルトラマンファミリー ペンシルキャップ
047 丸越 防衛隊メカシリーズ
　　丸越 ザ☆ウルトラマン
048 丸越 アクションポーズ
　　丸越 マスクマグネットシリーズ
049 丸越 ウルトラマンシリーズNo.5
053 丸越 ウルトラマンシリーズBIG大型怪獣群
054 丸越 ウルトラマン80シリーズ
057 丸越 ジオラマベース・ウルトラマン大集合・他
058 丸越 ウルトラマンボー・他
059 丸越 リアルタイプ ウルトラマン VS 怪獣シリーズ
061 ブルマァク ミニミニ怪獣けしごむ・他
062 ブルマァク ウルトラかぞくけしごむ
063 タカラ ウルトラマンゲーム 史上最大の侵略戦
064 ウィルビィ アンドロ超戦士・他
065 セアーズ 磁力戦 マグネットウルトラマン 小サイズ
068 セアーズ 磁力戦 マグネットウルトラマン 小サイズ
071 セアーズ 磁力戦 初期シリーズ
072 セアーズ 磁力戦 3.5cmシリーズ
073 セアーズ 磁力戦 怪獣ナンバーシリーズ
075 セアーズ 磁力戦 6cmシリーズ
076 セアーズ 磁力戦 8cmシリーズ
　　セアーズ 磁力戦 ウルトラマン怪獣軍団36・他
077 セアーズ 磁力戦 ジュニア16
078 セアーズ 磁力戦 ウルトラマン80（1980刻印）
　　セアーズ 磁力戦 ウルトラマン80
079 セアーズ 磁力戦 ウルトラマン80 UGMマシーンセット
　　セアーズ 磁力戦 ウルトラマン80怪獣
080 セアーズ 磁力戦 ウルトラマンタロウ怪獣
081 山勝 ウルトラマン
082 [インタビュー] ブルマァクとセアーズ（ブルマァク・鐏三郎）

## 083 第2章 リアルタッチ編

084 不二家 ウルトラ怪獣
086 不二家 ウルトラ怪獣大決戦
101 不二家 ウルトラマン合体怪獣
102 バンダイ 怪獣大百科
105 バンダイ ウルトラマン大図鑑
　　バンダイ ビッグウルトラマン

106 バンダイ ウルトラマンヒーロー
107 バンダイ ウルトラマンヒーロー フィニッシュポーズシリーズ
　　バンダイ ウルトラマンパワード（販促品）
108 バンダイ ウルトラマンバトルゾーン
109 バンダイ ウルトラサウンドバトル
110 バンダイ ウルトラダイナミックバトル
　　バンダイ カラーチェンジウルトラマン

## 111 第3章 ディフォルメ編

112 タカラ ウルトラマンキッズ
113 トミー ウルトラマンキッズ
114 バンダイ ちゃ卵ぽ卵
　　バンダイ SDウルトラマン
118 バンダイ ウルトラマン倶楽部 スーパーセレクション
　　バンダイ ウルトラマン倶楽部 ウルトラファイティング
120 バンダイ ウルトラマン倶楽部 ウルトラジャンプ
121 バンダイ ウルトラマン倶楽部 ガシャポンBIG
123 バンダイ ウルトラマン怪獣大図鑑
126 バンダイ サンシャインウルトラマン
127 バンダイ ウルトラマンクラブ
128 バンダイ グミメイト ウルトラマン倶楽部
129 バンダイ ウルトラマンクラブ（マスク）
130 バンダイ ウルトラマン倶楽部 とんとんバトル
131 バンダイ ウルトラマン超闘士激伝
146 バンダイ ウルトラマン超闘士鎧伝
148 バンダイ ウルトラマン超闘士激伝 復刻版
149 バンダイ ウルトラマン超闘士激伝 新章01
150 バンダイ 限定版 闘士ウルトラマンメビウス メビウスバーニングブレイブ
　　バンダイ ウルトラマン超闘士激伝 新章02
151 [コラム] 超闘士シリーズいろいろ
152 バンダイ ウルトラの湯めぐり入浴剤
　　バンダイ ウルトラマン倶楽部 きゃらえっぐ
153 ユタカ ミニヒーロー VS 怪獣・他
155 ユタカ ウルトラバランスゲーム
　　明治 明治チョコスナック ウルトラマンティガ
156 [コラム] ウルトラ怪獣消しゴムの"兄弟＆同族"①

## 157 第4章 バラエティ編

158 バンダイ ウルトラヒーロー VS 怪獣軍団コレクション
161 バンダイ あそぶっくゲーム＆絵本 ウルトラマン
　　セイカ 大怪獣バトルけしごむ
162 セイカ 大怪獣バトルけしごむ スペシャル10BOX
163 バンダイ テレマガ30周年特別付録ウルトラマンコスモス
　　バンダイ ULTRA BATTLERS
166 バンプレスト むでんくん 超ミニフィギュアシリーズ ウルトラマンシリーズ
　　バンプレスト ウルトラマンコスモス ファイティングコスチューム
167 バンプレスト 52Φカプセルシリーズ
168 バンダイ ウルトラ墨絵スイング
171 [コラム] ウルトラ怪獣消しゴムの"兄弟＆同族"②
172 [インタビュー] 超闘士対談（三条陸×齋藤満春）
174 [インタビュー] ウルトラ墨絵スイング（バンダイ・森内尚）

●本書に掲載されている商品の名称は、各社の商標または登録商標です。
●ウルトラ怪獣消しゴムなどの商品は、各社の許諾のもとで掲載しています。
●一部メーカーの商品については掲載していないこと、ご承承ください。
●本書の内容について各メーカーに問い合わせすることはおやめください。

# 本書の読み方

本書では、無彩色の塩化ビニル製人形を中心に、ウルトラ怪獣消しゴムなどと呼ばれて親しまれてきた玩具を、可能な限り網羅的に掲載しています。また、彩色が施された人形やプラスチックなど硬質素材の人形でも、ウルトラ怪獣消しゴムと関連があると考えられるものについては掲載しました。当時のカプセルトイ用台紙、パッケージ、カプセルトイ用ミニブックなどについても、当時の空気を伝える資料としてできるだけ掲載しています。

❶ ウルトラ怪獣消しゴムのメーカー名およびシリーズ名。正式な商品名が不明な場合や、同一名称の商品が複数ある場合、同じ人形が複数の商品名で販売されていた場合などは、区別のために便宜的な名称を付けています。

❷ 発売年やシリーズ、ラインナップの特徴などを解説。発売年などついては記録が残っていないものも多く、そうした場合、資料や証言をもとに推定しています。

❸ 各商品の実際の大きさを示す写真。主に、シリーズの第1弾に掲載。

❹ 怪獣消しゴムの紹介写真。ウルトラヒーローと怪獣に分け、それぞれ登場順に並べています。ただし一部商品については、商品シリーズ内の通し番号や、セット順などに準じました。また、写真右上のアイコンは各キャラクターの初出作品を示しています。各アイコンの詳細は、下の一覧を参照してください。

❺ カプセルトイ用の台紙や、商品のパッケージ。

❻ カプセルトイなどに封入されていたミニブック。

## 初出作品アイコン一覧

| 作品 | アイコン | 作品 | アイコン | 作品 | アイコン |
|---|---|---|---|---|---|
| ウルトラQ | Q | ウルトラマンG | UMD | ウルトラマンメビウス | GUYS |
| ウルトラマン | ★ | ウルトラマンパワード | ★ | 大怪獣バトル関連 | ZAP |
| ウルトラセブン | ◉ | ウルトラマンゼアス | mydo | ウルトラマンゼロ関連 | M |
| 帰ってきたウルトラマン | MAT | ウルトラマンネオス | HRT | ウルトラマンギンガ関連 | ★ |
| ウルトラマンエース | TAC | ウルトラマンティガ | GUTS | ウルトラマンX | XIO |
| ウルトラマンタロウ | ZAT | ウルトラマンダイナ | GUTS | ウルトラマンオーブ | SSP |
| ウルトラマンレオ | MAC | ウルトラマンガイア | XIG | ウルトラマンジード | AHR |
| ザ☆ウルトラマン | ★ | ウルトラマンコスモス | EYES | ウルトラマンキッズ | ◉ |
| ウルトラマン80 | UGM | ウルトラマンネクサス | N | ウルトラマン超闘士激伝関連 | ◉ |
| アンドロメロス／アンドロ超戦士 | ◈ | ウルトラマンマックス | DASH | 映画作品 | 🎬 |

# ウルトラ怪獣消しゴムの魅力

**怪獣**玩具の花形といえば、今も昔もソフビ人形であることは論をまたない。歴史上、その牙城を揺るがしかねないほどの展開があった存在となると、それこそ怪獣消しゴムぐらいのものではないか。

怪獣消しゴムの最大の魅力は、極めて高いコレクション性にある。子供たちでも手が届きやすい価格帯に設定されており、クッキー缶や引き出しいっぱいに集めていた方も少なくないはずだ。

その豊富なラインナップは、ソフビではフォローしきれないマイナー怪獣も内包しており、ポピーの怪獣消しゴムでしか立体化されていない怪獣だって少なくはない。こういった傾向は、のちのSD全盛期はもとより「HGシリーズ ウルトラマン」や「ウルトラ怪獣名鑑」（ともにバンダイ）といった――本書では怪獣消しゴムとして取り扱っていない――フルカラーが当たり前となった時代のアイテムに至るまで、ある種の伝統として貫かれている。こんなものまで商品化するのか！　という驚きと喜びが、怪獣消しゴムにはあった。

また、豊かなコンセプトバリエーションも魅力のひとつ。ギミックや台座に凝ったもの、塩ビやPVC以外の素材と組み合わせたもの、サイズやディフォルメの加減もさまざまで、ひとつの怪獣に絞って収集・比較するという楽しみ方もあるだろう。

とまれ、ウルトラ怪獣という偉大な存在は、ソフビ人形やアクションフィギュアだけで味わい尽くせるものではない。現在、怪獣消しゴムの新作は途絶えているが、本書の刊行が復活のきっかけとなることを願う。

**コンビューゴン**
（ポピー「ウルトラ怪獣消しゴム 第4弾」）

まさかの商品化！ 第三次怪獣ブームとともにあったシリーズだけあって、ポピー製品におけるザ☆ウルトラマン怪獣の充実っぷりは特筆に値する。

**カネドラス**
（丸越「ウルトラマンシリーズ No.5」）

怪獣らしいルックスが幸いしてか、意外にも商品化に恵まれていたカネドラス。ザ☆怪獣と同様に振り返られる機会の少ないレオ怪獣も、怪獣消しゴムの世界ではよりどりみどりだ。

**ウルトラマンジャック＆アーストロン**
（バンダイ「ウルトラマン倶楽部 ウルトラファイティング」）

ダイナミックなポーズとシャープな造形が魅力の「ウルトラファイティング」。名場面の再現というアプローチに、先見の明があった。

**バキシム**
（バンダイ「ULTRA BATTLERS Vol.2」）

近年のアイテムだけあって、「ULTRA BATTLERS」のバキシムは、口も細かく造形されている。怪獣消しゴムとしては快挙！

**アストロモンス**
（不二家「ウルトラ怪獣大決戦 第23弾」）

人気怪獣ゆえに、無数の立体物が存在するアストロモンス。「ウルトラ怪獣大決戦」シリーズにおいて二度目の商品化となったこちらは、近年のアイテムにも見劣りすることのない圧倒的な完成度を誇る。

# ウルトラ怪獣消しゴム年表

### 1973
この頃、ブルマァク「ウルトラかぞくけしごむ」が発売。後の怪獣消しゴムの基礎となる。

### 1984
タカラから「ウルトラマンキッズ」の消しゴム人形が発売される。

### 1988
バンダイ「怪獣大百科」シリーズが発売される。

### 1993
バンダイから、ガシャポンの「ウルトラマン超闘士激伝」がスタート。以降、4年にわたってリリースされる人気シリーズとなる。

### 2006
バンダイ「ウルトラヒーローVS怪獣軍団コレクション」発売。ウルトラマンは部分彩色、怪獣は無彩色の消しゴム人形。

### 2015
バンダイからガシャポンの「ウルトラマン超闘士激伝 新章」が登場。

|  |  |
|---|---|
| 1966 | ウルトラQ放送開始<br>ウルトラマン放送開始 |
| 1967 | ウルトラセブン放送開始 |
| 1970 | ウルトラファイト放送開始 |
| 1971 | 帰ってきたウルトラマン放送開始 |
| 1972 | ウルトラマンA放送開始 |
| 1973 | ウルトラマンタロウ放送開始 |
| 1974 | ウルトラマンレオ放送開始 |
| 1978 | |
| 1979 | ザ☆ウルトラマン放送開始 |
| 1980 | ウルトラマン80放送開始 |
| 1981 | 「てれびくん」(小学館刊)にて「アンドロ超戦士」開始 |
| 1983 | 雑誌などでウルトラマンキッズがスタート<br>アンドロメロス放送開始 |
| 1984 | 映画「ウルトラマンZOFFY」「ウルトラマン物語」公開 |
| 1987 | |
| 1988 | 情報番組「ウルトラ怪獣大百科」開始 |
| 1989 | 映画「ウルトラマンUSA」公開 |
| 1990 | オリジナルビデオ「ウルトラマンG」発売開始 |
| 1991 | ウルトラマンキッズ母をたずねて3000万光年放送開始 |
| 1993 | オリジナルビデオ「ウルトラマンパワード」発売開始<br>漫画「ウルトラマン超闘士激伝」連載開始 |
| 1995 | ウルトラマンネオス雑誌展開スタート |
| 1996 | 映画「ウルトラマンゼアス」公開<br>ウルトラマンティガ放送開始<br>OVA「ウルトラマン超闘士激伝」発売 |
| 1997 | 映画「ウルトラマンゼアス2」公開<br>ウルトラマンダイナ放送開始 |
| 1998 | ウルトラマンガイア放送開始 |
| 2000 | オリジナルビデオ「ウルトラマンネオス」発売開始 |
| 2001 | ウルトラマンコスモス放送開始 |
| 2003 | 情報番組「ウルころ」放送開始 |
| 2004 | 映画「ULTRAMAN」公開<br>ウルトラマンネクサス放送開始<br>ウルトラQ〜dark fantasy〜放送開始 |
| 2005 | ウルトラマンマックス放送開始 |
| 2006 | ウルトラマンメビウス放送開始 |
| 2007 | ULTRASEVEN X放送開始<br>ウルトラギャラクシー大怪獣バトル放送開始<br>ゲーム「大怪獣バトル ULTRA MONSTERS」稼働 |
| 2008 | ウルトラギャラクシー大怪獣バトルNEO放送開始 |
| 2009 | 映画「大怪獣バトル ウルトラ銀河伝説 THE MOVIE」公開 |
| 2010 | 映画「ウルトラマンゼロ THE MOVIE 超決戦!ベリアル銀河帝国」公開 |
| 2011 | ウルトラマン列伝放送開始<br>ウルトラゾーン放送開始 |
| 2012 | 映画「ウルトラマンサーガ」公開 |
| 2013 | ネオ・ウルトラQ放送開始<br>新ウルトラマン列伝放送開始<br>ウルトラマンギンガ放送開始(新ウルトラマン列伝内) |
| 2014 | ウルトラマンギンガS放送開始(新ウルトラマン列伝内)<br>漫画「ウルトラマン超闘士激伝 新章」開始 |
| 2015 | ウルトラマンX放送開始(新ウルトラマン列伝内) |
| 2016 | ウルトラマンオーブ放送開始 |
| 2017 | ウルトラマンゼロ THE CHRONICLE放送開始<br>ウルトラマンジード放送開始 |
| 2018 | ウルトラマンオーブ THE CHRONICLE放送開始<br>ウルトラマンR/B放送開始 |
| 2019 | ウルトラマン ニュージェネレーションクロニクル放送開始<br>ULTRAMAN配信開始<br>ウルトラマンタイガ放送開始 |

### 1978
ポピー「ウルトラ怪獣消しゴム」がスタート。丸越、セアーズなどからも怪獣消しゴムが発売され、ブームを巻き起こしていく。

### 1987
バンダイ「SDウルトラマン」が登場。SD化されたウルトラマンの系譜は、後に「ウルトラマン倶楽部」に発展していく。

### 1989
不二家「ウルトラ怪獣大決戦」シリーズがスタート。従来よりも頭身が高めで、より映像作品に近いデザインに。

### 2001
ユタカから、ポピー製品の復刻に新作人形を加えた「アンティックQ懐獣大集結」が発売。

### 2007
セイカ「大怪獣バトルけしごむ」発売。ブルマァク「ウルトラかぞくけしごむ」以来の、実際に文房具として使用可能な消しゴムだった。

### 2016
バンダイ「ウルトラ墨絵スイング」がスタート。翌2017年の第4弾まで続き、現時点で最新の怪獣消しゴム系玩具となっている。

# ウルトラ怪獣消しゴムってどんなもの？

**本書**を読むうえで押さえておきたい、ウルトラ怪獣消しゴムの基礎知識をまとめて解説。例外的なものも多く、明確な定義があるわけでもないが、知っていればもっと楽しくなるはず。

### ❶素材

怪獣消しゴムの多くは、「塩ビ」または「PVC」と呼ばれる素材でできている。また一部には、塩ビに金属素材を混ぜたマグネット仕様の人形もある。

基本的には弾力があって柔らかいものがメイン。そのため長期間カプセルに入ったままになっていると、曲がってしまうことも。なお「消しゴム」というのは通称のようなもので、実際に字消しの機能を持つものは稀。

### ❷カラー

基本的には単色で成形され、塗装はされていないことが多い。成形色は時代やメーカーによってさまざま。例えばポピーの消しゴム人形は、ほとんどのシリーズで黄・橙・桃・青・緑・黒の6色が展開されている。たいていの場合、成形色はランダムで、同じ怪獣の人形でも複数の色違いがある。

ときにはクリアやメタリックなどの特殊色や、例外的な「珍色」で作られることも。また一部には、メタリックのスプレーを吹き付けたものが存在する。これは、ちょっとしたレア感を出すための演出なのだろう。これと似た工夫に、「クルミ（包み）塗装」と呼ばれるものがある。これは人形全体を単色で塗ったもので、主にマグネット消しゴムで見られる。

### ❸サイズ

10cmもある大型消しゴムや2cmのミニ消しゴムもあるが、典型的なのは3～4cmのサイズ感。このサイズに各キャラクターのデザインのエッセンスが詰め込まれており、まさに小さな怪獣。安価で、しかも数が増えてもかさばらないため、集めて楽しむのに向いているのだ。

### ❹刻印

刻印とは、消しゴム本体に刻み込まれた版権許諾やキャラクター名のこと。基本的には正規の手続きで制作・販売されたことを示すもので、記載内容はメーカーによってさまざま。刻印の有無だけで直ちに正規品か否か判断できるわけではないが、指標のひとつにはなる。

キャラクター名に関しては、旧呼称だったり、誤植されていたりと、現在の名称と異なるものも散見される。

### ❺流通経路

ウルトラ怪獣消しゴムは、いろいろなルートで販売された。「ガチャガチャ」「ガシャポン」などのカプセルトイが一般的だが、駄菓子屋・スーパーで販売された袋売りや吊り下げ玩具（フックトイ）、おもちゃ屋向けのセット商品なども大きな存在だった。

さらに80年代後半には、食玩としてお菓子とセットで販売されることが増えてくる。時代に応じた流通経路で、各世代の子供たちに提供されてきたのだ。

ポピーの基本6色

ポピーのレア色

メタリックスプレー

クルミ塗装

刻印は情報の宝庫

さまざまな販売形態

# 第1章 スタンダード編

1970年代～1980年代初頭にかけて、カプセルトイや駄菓子屋のフックトイなどでウルトラ怪獣消しゴムが大流行。ここでは当時の消しゴムと、その一種として遊ばれていた玩具、さらに後年の復刻アイテムなどを掲載していく。ブーム期のものは、やや丸っこくディフォルメされた、消しゴムならではのユーモラスな造形も魅力的。掲載数、1,178体。

## ポピー ウルトラ怪獣消しゴム第1弾・ウルトラマン兄弟 VS 大怪獣

「ウルトラ怪獣消しゴム」を代表する、最もメジャーなシリーズ。その第1弾として発売されたのが下記16種類。

第1弾ということで、ウルトラQからウルトラマンタロウまでに登場したキャラクターから、人気の高いウルトラマンや怪獣がラインナップされている。

発売は1978年頃。下は商品に封入されたミニブックで、紹介写真には同社のソフビ人形「キングザウルスシリーズ」が使用されている。

右はこの頃使用されていたと考えられるカプセルトイの台紙。

デザインは全体的にディフォルメされており、丸っこく、70年代前半ごろのソフビ人形を思わせる造形が特徴的。

販売形態はカプセルトイの他、フックトイやセット商品、大型玩具のオマケなど多岐に渡り、再販も多いシリーズである。

実物大

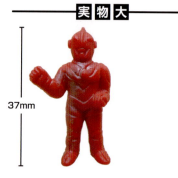
37mm

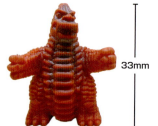
33mm

ウルトラマン

ウルトラセブン

ウルトラマンエース

ウルトラマンタロウ

ガラモン

カネゴン

バルタン星人

レッドキング

ガボラ

ジラース

ゴモラ

エレキング

イカルス星人

キングジョー

ベロクロン

カメレキング

スタンダード編

## ポピー ウルトラ怪獣消しゴム第2弾・ウルトラマン兄弟 VS 大怪獣No.2

　ポピー第2弾としてリリースされたのが、怪獣10種とリニューアルしたウルトラマン11種の合計21種類。発売は1978年内と思われる。

　下は封入されていたミニブックで、写真のソフビは前弾同様キングザウルスシリーズを使用。造型もこれらを参考にしたようで、よりリアルな仕上がりになっている。

　ウルトラマンは統一の細身のデザインで、この段階で登場している全ウルトラマンが一挙に投入された。また、本弾のラインナップのほとんどがキングザウルスシリーズのソフビと同じで、より安価で手に取りやすい人形という意味合いが強い。

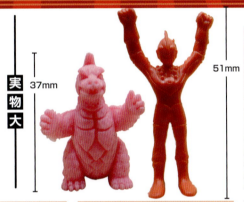
実物大 37mm / 51mm

ウルトラマン

ゾフィー

ウルトラセブン

ウルトラマンジャック

ウルトラマンエース

ミニミニブック

スタンダード編

ウルトラの父

ウルトラマンタロウ

ウルトラの母

ウルトラマンレオ

アストラ

ウルトラマンキング

ペスター

ケムラー

ゼットン

ウインダム

ゴドラ星人

ペガッサ星人

アーストロン

サドラ

ベムスター

ノコギリン

ロロメモ：サドラの刻印は「サドラー」となっており、これは旧呼称。現在は「サドラ」に統一されており、再販時には刻印も修正された。

## ポピー ウルトラ怪獣消しゴム第2.5弾・ウルトラマン兄弟 VS 大怪獣 小サイズ

　第1～2弾に続いて、さらに小さいサイズの消しゴムが登場している。元のサイズでは20円のカプセルトイのカプセルに入らなかったため、小サイズ版が追加されたとも考えられる。

　21種類の怪獣がラインナップされており、内16種はこれまでの怪獣のダウンサイズ版。それに加え、新規の怪獣も5種作られている。これらの消しゴムは小出しに追加されたようで、ミニブックなどの存在は確認されていない。

　なお第2.5弾としているのは、解説のための便宜的な分類であり、公式に定められたものではない。

実物大

27mm

カネゴン

ベムラー

バルタン星人

アントラー

レッドキング

010

スタンダード編

ガボラ

ギャンゴ

ペスター

ケムラー

テレスドン

ゼットン

ウインダム

エレキング

ミクラス

ゴドラ星人

ペガッサ星人

イカルス星人

キングジョー

アーストロン

サドラ

ノコギリン

## Column ポピーとバンダイ

　ポピーの怪獣消しゴムで使用されたカプセルトイの台紙を見ると、バンダイのロゴが入っていることが多い。ここでは、両社の関係について簡単に解説していこう。

　株式会社バンダイは、セルロイド玩具、金属玩具などの卸売業「萬代屋」として1950年に創業。オリジナル商品「リズムボール」の発売から、車や飛行機などの金属玩具を中心に展開するなど、しばらく純玩具会社としての色が強かったが、1971年に子会社として設立したポピーがバンダイを変えた。

　ポピーが展開した「変身ベルト」や「超合金」など、TVキャラクター玩具が大ヒットとなり、わずか5年で玩具業界トップに君臨。1983年に、バンダイはポピーを吸収合併することで、キャラクターマーチャンダイジングの規模を一気に拡大していった。

　このような流れもあり、ポピーのウルトラ怪獣消しゴムは、バンダイを始め数社から発売されていた。

ポピーからは、怪獣消しゴムをセットにした玩具店向けの商品が多数発売された。

ポピーの怪獣消しゴムを使った20円ガチャの台紙。販売は丸越。

011

## ポピー ウルトラ怪獣消しゴム第3弾・ウルトラ怪獣No.3

ポピー第3弾としてリリースされたのが、怪獣20種と新しいウルトラマンである「ザ☆ウルトラマン」ことジョーニアスの合計21種類。発売は同作放送直前の1979年初頭と思われる。

右は、この時期の物と思われる台紙と、20円のカプセルトイ用と思われる台紙。下は封入されていたミニブックで、写真のソフビは前弾同様キングザウルスシリーズを使用。

造型は第2弾までとは大きく異なり、スマートで小振り。この段階でも、ラインナップはキングザウルスと共通したものが多い。

実物大

32mm

ウルトラマンジョーニアス

ガマクジラ

ザラブ星人

ヒドラ

ジャミラ

グビラ

ギガス

ザンボラー

メフィラス星人

シーボーズ

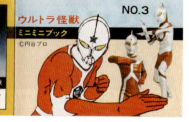

メトロン星人

ベル星人

ガンダー

ギエロン星獣

ボーグ星人

アギラ

ガッツ星人

ザザーン

シュガロン

ムルチ

バキシム

スタンダード編

一口メモ：アギラは刻印、ミニラックともに旧呼称の「アギラー」となっている。

## ポピー ウルトラ怪獣消しゴム第4弾・ウルトラマンシリーズNo.4

　第4弾では、ザ☆ウルトラマンの怪獣を含む30種が登場。これまでのソフビ連携とはやや離れたラインナップになっている。
　このあたりからポピーの怪獣消しゴムの人気に火が付き、一度に発売される種類も増えていく。ウルトラマンタロウ、ウルトラマンレオの怪獣も登場し、出来栄えのリアルさも増している。
　ザ☆ウルトラマンの怪獣は他に比べやや大きく、その他の怪獣は僅かだが小さめに作られている。
　右がこの弾のカプセルトイ用台紙、ミニブックは次ページの下段に掲載した。

実物大

34mm

サイゴ

クール星人

ビラ星人

ツインテール

グドン

サータン

ザニカ

ザゴラス

スタンダード編

一口メモ：バルダック星人の刻印は「バルザック星人」となっており、ドルフィーゴには名称の刻印が無い。また、バルタン星人は「ザ☆ウルトラマン」登場時の造形。

オクスター

プルーマ

バルダック星人

アリブンタ

ガマス

ヒッポリト星人

アストロモンス

ライブキング

ケムジラ

マグマ星人

ベキラ

アクマニヤ星人

ピグ

シーグラ

ワニゴドン

レッドスモーギ

タフギラン

タフギラス

ファイヤバドン

コンビューゴン

バルタン星人

ドルフィーゴ

014

## ポピー ウルトラ怪獣消しゴム第5弾・ウルトラマン怪獣100

第5弾には24種類の怪獣が投入された。サイズ違いを除くと、101種類の怪獣が販売されたことになる。

怪獣100と銘打っており、ミニブックなどを見ると、第2弾のベムスターがカウントされていないようだ。また、放送中であったと思われるザ☆ウルトラマンの怪獣の新作は無く、一方でウルトラQの怪獣が久々に登場。他の怪獣もやや渋いチョイスとなっている。

本弾の最大の特徴は、封入されていたミニブック。40ページもある冊子となっており、小さな怪獣図鑑と言える非常に豪華なもの。

実物大 40mm

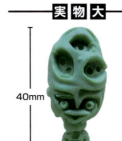

スタンダード編

一口メモ：ペギラの造形はデザイン画等を参考にしたようで、映像作品とは多少異なる。

ゴメス

ペギラ

ラゴン

ドラコ

ゴルドン

スカイドン

ザラガス

キーラ

チブル星人

アイロス星人

バド星人

ブラコ星人

ダリー

ペテロ

ベロリンガ星人

バンドン

スタンダード編

タッコング

ゴーストロン

ビーコン

グロンケン

バリケーン

キングマイマイ（成虫）

ガラン

ルナチクス

## Column 怪獣消しゴム100体記念セット

ポピーの怪獣消しゴムが100種類を超えたタイミングで販売されたのが、ポピー「ウルトラマン怪獣コレクション112」。アタッシュケース型のコレクションケースで、最初から入っているのはウルトラマン12種と各ウルトラマンのウルトラサイン入りプレート。ここに集めた怪獣消しゴムを収納していくのが主眼で、消しゴム人形ならではの玩具となっている。

これに合わせて販売されたのが、「怪獣カセット」シリーズ。1セットにつき怪獣20種（固定）とウルトラマンが3種（ランダム）封入され、全5セットを購入すればすぐにコレクションが埋められるという仕掛け。なお、大小2サイズあるものは小サイズを収納するかたちで、カセットにも小サイズが封入されていた。また、前述のようにベムスターは含まれていない。

後に「新・怪獣カセット」が発売されているが、このときはコレクションケースは無かったようだ。

ウルトラマン12種と怪獣100種を収納できる、「ウルトラマン怪獣コレクション112」。

怪獣消しゴム20個入りの「怪獣カセット」（上）と、「新・怪獣カセット」（下）。

スタンダード編

## ミニミニ怪獣大図鑑

カプセルトイの台紙に「ミニミニ怪獣大図鑑」とあるように、40ページにおよぶ大ボリュームのミニブックが付属している。発売怪獣が網羅的に掲載されており、このミニブック自体が商品だったとしても十分だったのではないだろうか。巻末にウルトラ文字の一覧が付いているのも、工夫があって嬉しい。なお現在、ウルトラ文字については公式の設定ではない。

基本的には、背面においても非常に丁寧な造形がなされている。ただし、原型制作時の資料が不十分だったのか、映像作品とは相違がみられる造形となることもあったようだ。

## ポピー ウルトラ怪獣消しゴム第6弾・ウルトラマン怪獣100点プラス100点シリーズ

第6弾では、35種の怪獣が各ウルトラマンから満遍なく登場し、有名なウルトラ怪獣のほとんどがこの弾で出揃ったと言えるだろう。ザ☆ウルトラマンの怪獣は、第4弾の続きからラインナップに加わった。

この弾の最大の謎は刻印パターンが全く異なるヘクトールの存在。造形も他と異なる雰囲気を持ち、刻印パターンについては、丸越製品（47ページ〜）に近い。ただし、発売自体はポピーのこの弾である。右がこの弾のカプセルトイ台紙、次ページ右上がミニブック。このブック以外に、歌詞カードブックが封入されていた。

ネロンガ

ゲスラ

実物大

38mm

マグラー

アボラス

バニラ

ケロニア

グモンガ

ガイロス

ゴーロン星人

ダンガー

モグネズン

ゴキネズラ

ブラックキング

レッドキラー

キングカッパー

ブラックサタン

カイテイガガン

ロロメモ：マグラーの刻印は、当時の呼称だった「マグラ」になっている。

ガスゲゴン

デッパラス

ゴーロン星人（左）とヘクトール（右）の刻印。ヘクトールのみ特殊な刻印パターンになっているのも面白い。

ケンドロス

ザローム

ヘクトール

オプト

ガラドラス

ゲロン

ガドン

ザイクロン

ゴグラン（幼虫）

ゴグラン（成虫）

キングモア

バダン

アイランダ

ゲラド

ジャニュール

ベドラン

スタンダード編

一口メモ：オプトの刻印は「サンジンチョウ」（3つの首、それぞれの名前）。ゴクラン（幼虫）の刻印は「イモムシ」。

019

## ポピー ウルトラ怪獣消しゴム第7弾・ウルトラマン怪獣100点プラス100点シリーズパートⅡ

第7弾は、ザ☆ウルトラマン登場の新ヒーロー4種をラインナップしているが、同作の怪獣は含まれない。

怪獣消しゴムのブーム最高潮時の発売で、シリーズ最多となる60種もの怪獣をラインナップに加え、タイトルで謳っている200点に届かんばかり（小サイズの重複ラインナップを加えれば、超える）。

造形も大きいもの（20種）と小さいもの（40種）が混在した仕様となり、種類の多さを優先する消しゴム玩具の本領発揮といったところか。なお本項ではウルトラマン、大サイズ、小サイズの順に掲載。キララまでが大サイズで、ゴルバゴス以降は小サイズだ。

ラインナップの中心は帰ってきたウルトラマン〜ウルトラマンレオの「第2期ウルトラマン」と呼ばれるあたりとなっている。

発売は1979年後半と推察される。パノラマ風のミニブックも特徴的で見ていて楽しい。

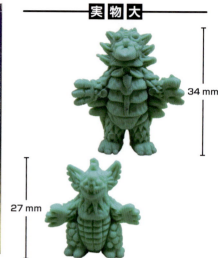

実物大 — 34mm / 27mm

エレク

ロト

アミア

ウルトラ戦士

ウー

ダンカン

ヤドカリン

ユニタング

## ポピー ウルトラ怪獣消しゴム第8弾・ウルトラマン怪獣300点シリーズ

　第8弾では、待望の実写の新ウルトラマン「ウルトラマン80」が加わる。80の造形はこれまで展開していたウルトラマンより大きく、4種類も製造され力の入れ具合が伺える。ただし、80登場の怪獣は次弾以降の展開。40種の怪獣を投入しているが、サイズは35mmほどの通常サイズのみ。

　なお、当弾および次弾には不明点が多く、80の4種がすべてこの弾発売であるという確証はない。なお、下のミニブック掲載にあるリストのうち、右の列は次弾発売のラインナップになっている。また、この弾の内容とリンクした台紙（右）には「パート2」とある。

　実質的に2弾に分かれているが、元々は同じ弾となる想定だったとも考えられる。

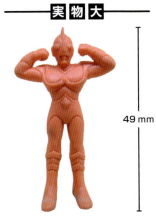

実物大　49 mm

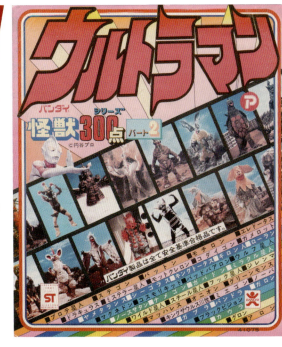

ロロメモ：グリーンモンスの造形はイラスト媒体を参考に制作されており、実際の映像作品とは異なる。

ウルトラマン80

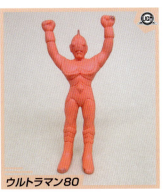
ウルトラマン80

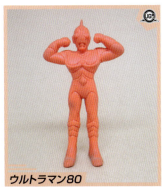
ウルトラマン80

ウルトラマン80

ナメゴン

グリーンモンス

ガヴァドン（B）

ワイルド星人

023 スタンダード編

 グロン
 ミラクル星人
 モチロン
 モットクレロン
 ウルフ星人
 バットン
 ノースサタン星人
 ガロン
 ガメロット
 オニオン
 ローラン
 ノーバ

ロメモ：ノースサタン星人の刻印は旧呼称の「ノースサタン」となっている。

## ポピー ウルトラ怪獣消しゴム第9弾・ウルトラマン怪獣300点シリーズ

第9弾では80の怪獣が投入され、通常サイズ34種、小サイズ20種の54種の怪獣が登場（うち1種は非掲載）。第8弾と同じシリーズ名であり、両者の前後関係やウルトラマン80の発売状況には不明瞭な点が多いが、多くの証言からこの順番と発売状況としておく。

通常サイズ34種の内、クレッセント、ギコギラー、ホー、ザンドリアスの4種は80関連の合金玩具封入が初出とされ、カプセルトイには追加的にラインナップ入りしているようだ。

ダダ、ババルウ星人などの通常サイズ宇宙人系はやや頭身が高く、スマートな造形になっている。これはこの弾のみの特徴だ。

通常、小サイズ、前述の4種、その他のエイティ怪獣で刻印が異なり、一見、同じシリーズとして封入されていたとは思えないほどだ。

**実物大**

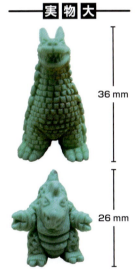

36 mm / 26 mm

 ドドンゴ
 ダダ

ロメモ：ダダの刻印は「ダダABC」となっている（顔はダダAのもの）。

025

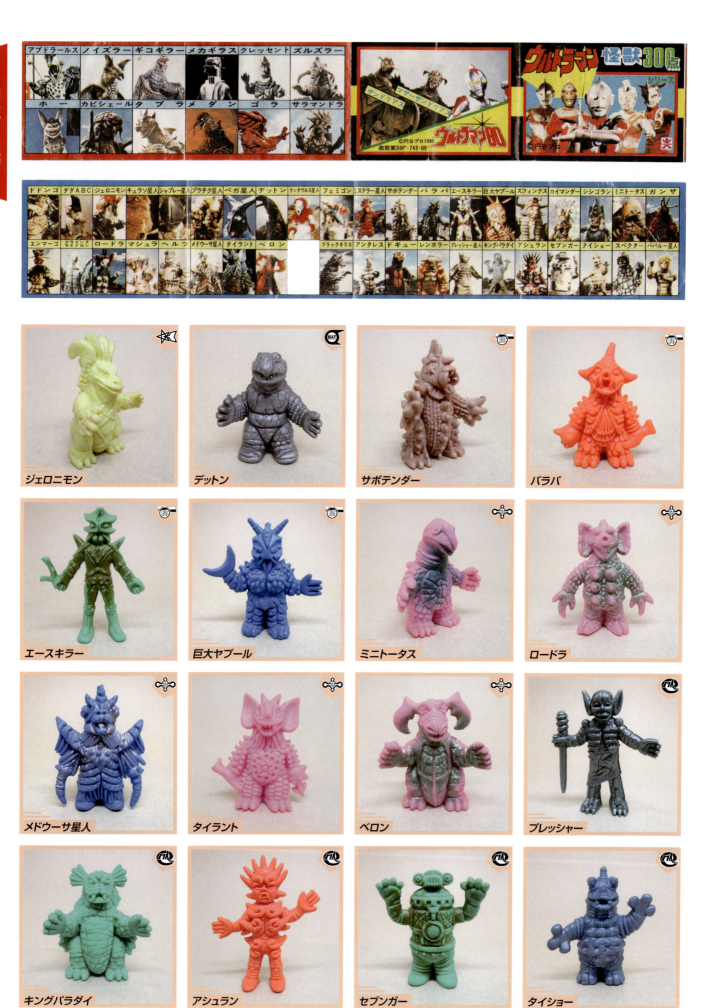

スタンダード編

| スペクター | ババルウ星人 | クレッセント | ギコギラー |
| --- | --- | --- | --- |
| ホー | ザンドリアス | マザーザンドリアス | メカギラス |
| アブドラールス | ノイズラー | タブラ | ガビシェール |
| ズルズラー | メダン | ゴラ | サラマンドラ |

| キュラソ星人 | シャプレー星人 | プラチク星人 | ペガ星人 | ケンタウルス星人 |
| --- | --- | --- | --- | --- |
| フェミゴン | ミステラー星人（悪） | スフィンクス | シシゴラン | カイマンダ |

※キュラソ星人以降が、25mm前後の小サイズ消しゴム。

スタンダード編

ガンザ

エンマーゴ

フライングライドロン（子）

マシュラ

ヘルツ

ブラックギラス

アンタレス

ドギュー

レンボラー

一口メモ：フライングライドロンの刻印には親・子等の記載はない。形状から「子」と判断している。

## ポピー ウルトラ怪獣消しゴム第10弾・ウルトラマン80

　第10弾では、80の怪獣10種が追加。前弾までのものと合わせ、ウルトラマン80関連のみでの「単独展開」となる。
　当時現役で集めていたファンでも当弾の存在を知らない事もあったようで、展開時期あるいは販売地域などが限定的だった可能性もある。再販も少なく、現在は希少な存在となっているようだ。
　およそ2クール相当の怪獣がフォローされ、その造形も素晴らしい物ばかりなのだが、80関連の消しゴム展開はここまでとなった。

実物大　36mm

ザルドン

ミュー

デビロン

ラブラス

ダロン

ギマイラ

ガウス

028

オコリンボール

ガモス

ゴモラⅡ

スタンダード編

## ポピー ウルトラ怪獣消しゴム第11弾・ウルトラ怪獣大軍団

第11弾は小サイズのみ、20種の怪獣がラインナップ。一時期のブームが落ち着き、またほとんどの怪獣が出尽くしているため、新規ラインナップとしてはかなり渋いチョイスとなっている。他の玩具シリーズではあまり見かけない物も多い。

実物大 25mm

ピット星人

ユートム

ロボネズ

ファイヤー星人

ギーゴン

クイントータス

トンダイル

ムルロア

エレジア

オニバンバ

ドルズ星人

バルキー星人

029

スタンダード編

ツルク星人

カーリー星人

ケットル星人

バイブ星人

フリップ星人

ブラックガロン

ブリザード

ブラックエンド

## ポピー　ウルトラ怪獣消しゴム第12弾・ウルトラマン怪獣

　ポピーの怪獣消しゴムとしては最終弾となる第12弾では、20種が新作として発売されている。仕切り直し的な意味合いか、主に第3弾の小サイズ怪獣の内、人気怪獣をリニューアル。その他、隙間を埋めるような渋い怪獣がラインナップされている。大きさはボリュームがあり、その出来栄えは非常に素晴らしく、人気も高い。
　上側のミニブックはガシャポン封入、下側はこの時期のセット商品封入で、内容は同等のもの。ミニブックにムルチの記載は無いが、この弾のラインナップ。
　販売時期は1981年中ごろ、全12弾で約3年ほど展開したことになる。

**実物大** 39 mm

ゴロー

モングラー

M1号

セミ人間

ケムール人

| | | | |
|---|---|---|---|
|  ピーター |  トドラ |  ザラブ星人 |  ジャミラ |
|  ギガス |  メフィラス星人 |  メトロン星人 |  ベル星人 |
|  ガンダー |  ボーグ星人 |  ガッツ星人 |  キングマイマイ（幼虫） |
|  ムルチ |  マザロン人 |  スフィンクス | |

## バンダイ ウルトラ超伝説 アンドロ超戦士

1982年頃、当時オンタイムで展開されていたアンドロメロスの消しゴム。愛好家の間では、便宜的に「ポピー第13弾」として扱われることが多いが、発売はバンダイ。

ラインナップの特徴としては胴体がプラ製で大型のアンドロ戦士が入っていること。いわば「アタリ」枠の大型アイテムは1カプセル1体、他は1カプセル3体での販売だったようだ。

なお、本弾はTVシリーズ「アンドロメロス」放送以前に登場したもので、元となっているのは、雑誌展開シリーズの「アンドロ超戦士」。

台紙は単独のものと、ウルトラマン80と併記されたものを確認（次ページ掲載）。後者は、ウルトラマン80の怪獣と混在で販売した際の台紙と推測されている。

プラ製の胴体パーツで挟み込む、組み立て式の人形になっている。

| | | |
|---|---|---|
|  アンドロメロス |  アンドロウルフ |  アンドロマルス |

スタンダード編

実物大

76 mm

45 mm

アンドロメロス

アンドロウルフ

アンドロマルス

ジュダ

ベムズン

キングジョーグ

メカバルタン

改造マグマ星人

改造ブラックキング

ギエラ兵

ギナ

改造エース星人

## ポピー　ウルトラマン消しゴム（ベンダブル）

前ページまで（および、次項のスペシャルコレクション）がポピーの「ウルトラ怪獣消しゴム」とされることも多い。しかし、ポピーのウルトラマンや怪獣の消しゴムには、いくつか特殊な物が存在する。

その内のひとつがこれらで、ウルトラマンの腕に針金が入ったベンダブル人形系のアイテムとなっている。ポピー第4弾〜第5弾頃に投入されたと考えられているが、販売方法含め、今ひとつ明確ではない。

前述の通り、腕に針金が入っており、それによって自由にポーズが取れるのがウリ。ただし実際には、針金がかなり固く、スペシウム光線のポーズを取らせるといった、高度なポージングには対応していない。製造工程の複雑さからか、バリが目立つ個体も多い。

なお最後のジョーニアスのみ、販売タイミングと原型担当が異なるようだ。

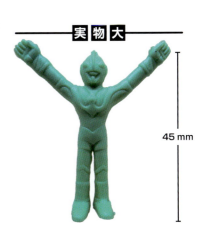

実物大　45mm

スタンダード編

ウルトラマン

ゾフィー

ウルトラセブン

ウルトラマンジャック

ウルトラマンエース

ウルトラの父

ウルトラマンタロウ

ウルトラの母

ウルトラマンレオ

アストラ

ウルトラマンキング

ウルトラマンジョーニアス

## Column　ポピー怪獣消しゴムの「期」とは？

ポピーの怪獣消しゴムについて、「第○弾」ではなく「○期」というかたちで区分されることがある。これは、2000年代にファンが開設していたウェブサイトに由来する分け方で、公式のものではない。しかし、当時としてはかなり的を射た区分けとなっており、販売実態を整理しなおすうえで大きな役割を果たした。

あくまで愛好家の間で広まった大雑把な分け方だが、歴史的な意味合いも含めて、「期」区分を紹介しておこう。なお、この区分ではウルトラマンを含まず、アンドロ超戦士までの怪獣のみを対象にしていた。

- 1期：第1〜2.5弾
- 2期：第3弾
- 3期：第4弾（ザ☆ウルトラマン以外の怪獣）
- 4期：第4弾（ザ☆ウルトラマンの怪獣）
- 5期：第5〜6弾
- 6期：第7弾（小サイズ）
- 7期：第7弾（大サイズ）、第8弾、第9弾（大サイズのウルトラマン80怪獣以外）
- 8期：第9弾（小サイズ）、第11弾
- 9期：第12弾
- 10期：ウルトラマン80怪獣
- 11期：アンドロ超戦士怪獣

## バンダイ ウルトラ怪獣消しゴム スペシャルコレクション（全5弾）

1983年から1984年にかけて、ポピーの消しゴムを再販する形でバンダイから販売されたのが、このスペシャルコレクション。第1弾はポピー第1～2.5弾の再販だが、以降は番組シリーズ毎にまとめられている。全10弾を予告していたが、実際には第5弾までとなっている。

この再販にともない、よりリアルになったウルトラマンが新規で造形され、また一部の怪獣が新造形で投入されている。また、この時期にはポピーの怪獣消しゴムを利用したボードゲームや消しゴムセットなどの販売が多く行われおり、そこで新造された物も存在するため、合わせての紹介とする。

ジラースおよびゴモラ2種はスペシャルコレクションより前に販売されたとする説もあるが、ここではこの時期の販売としている。

実物大

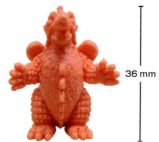
36 mm

25 mm

メモ：ファンの間では、リメイクされた「ゴモラは俗に「後期型」、ベロクロン・カメレキングは「後期型」または「Lサイズ」などと呼ばれ、従来の物と区別されている。

ウルトラマン

ウルトラセブン

ウルトラマンジャック

ウルトラマンジャック

ウルトラマンエース

ウルトラマンエース

ウルトラマンエース

ウルトラマンタロウ

ウルトラマンレオ

ジラース

ゴモラ

ゴモラ

ベロクロン

カメレキング

## ポピー　ウルトラマン怪獣／ウルトラ怪獣イレブン／他

　7センチほどある大型消しゴム類で、小型の人形という意味では「怪獣消しゴム」と呼ばれる事はあまりない。全て刻印が存在せず、勘違いされがちだが、れっきとしたポピー・バンダイの製品。

　それぞれがかなり特殊な販路にて展開していたアイテムなので、やや詳しく紹介しよう。まず怪獣12種は、袋入り彩色玩具「ウルトラマン怪獣」が初出（写真上）。この商品をその後を無彩色玩具として販売しており、いくつかの商品に使われていた。

　そのうちのひとつが、バンダイのセット売り商品「ウルトラ怪獣イレブン」（写真下）。1983年～1984年頃の販売で、12種からカネゴンのみラインナップから外されている。

　他にはザ☆ウルトラマン放送時（79年）の玩具「デラックススーパーマードック」にランダムで3個、無彩色で怪獣が封入されていた。同玩具には同じく無彩色のウルトラマンが封入。それがここで紹介する4種のウルトラマンである。これらのウルトラマンは現在のところ「デラックススーパーマードック」以外での販売は確認されていない。

　なお、尻尾のある怪獣は別パーツで再現されている。ウルトラマンの方はリアル路線で逞しい体型が特徴。

実物大　70 mm

ウルトラマン

ウルトラセブン

ウルトラマンタロウ

ウルトラマンジョーニアス

カネゴン

ベムラー

バルタン星人

レッドキング

ジラース

ギャンゴ

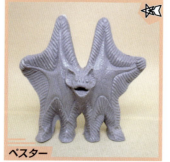
ペスター

テレスドン

ギガス

ゴモラ

ウー

ブラックキング

## バンダイ ザ☆ウルトラマン第1弾

　ザ☆ウルトラマンの放送当時、ポピーの物とは別に、バンダイから同番組のカプセルトイが販売されていた。それがこちらのシリーズだ。

　本シリーズは全体的な作風等に統一感があまりない。また、同じ物でも刻印があったりなかったり、数種のバリエーションがあったりでやや複雑。

　他にない特徴は、隊員等のサブキャラクターが投入され、怪獣はわずかしかラインナップにいない点。ミニブック記載の各メカは、カプセルトイ販売には存在しないようだ。

実物大

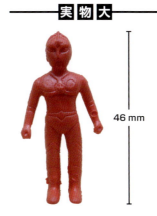

46 mm

ウルトラマンジョーニアス

ウルトラマンジョーニアス

ヒカリ超一郎

星川ムツミ

アキヤマ哲男

マルメ敬

トベ博

ピグ

モンキ

シーグラ

ワニゴドン

レッドスモーギ

スタンダード編

ロメモ：シーグラは「シーグラー」(当時の混在呼称)、ワニゴドンは「ワニゴン」(誤植)と刻印されている。ウルトラマンの刻印は「ザ・ウルトラマン」となっている。

037

## バンダイ ザ☆ウルトラマン第2弾

バンダイのザ☆ウルトラマン第2弾と考えられているアイテム群。ミニブック、台紙等が確認されておらず、販売方法やシリーズ名などは不詳。集めた証言から、このような形で紹介する。アイテム自体は、ここに掲載している物で全てのようだ。

オプト、ガラドラス、ゴグラン、キングモア、バダンの5種は大型で、造形や素材がやや異なり、ポピーの刻印がある。他6種は小型で、刻印はあったりなかったりバラつきがある。

確証は得られていないが、第1弾に追加される形で製造・販売され、台紙やミニブックは追加で制作されなかったとも考えられる。

第1弾および当弾の小型6種は、ソーセージのオマケとしても販売されていた模様。

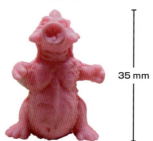
実物大　35mm

※バルタン星人は「ザ☆ウルトラマン」登場時の造形。

一口メモ：キングモアは「キグラン」と刻印。ゴグランと混ざった誤植と思われる。

オプト

ガラドラス

ゴグラン

キングモア

バダン

タフギラン

タフギラス

ファイヤバドン

コンビューゴン

バルタン星人

ドルフィーゴ

## Column / 怪獣消しゴムのブーム

怪獣消しゴムのブームは、1979年～1980年にかけて黄金期を迎えた。そのブームを牽引したのはやはりポピーの怪獣消しゴムだが、各社も追随するように多くのアイテムを投入。この時期には、恐るべき数の怪獣たちが、市場に出回ることになった。

しかし、1981年以降は急速にトーンダウン。各社とも新規造形の怪獣消しゴムは減っていき、再販・復刻アイテムが中心になっていく。1980年ごろにはすでにほとんどの怪獣がラインナップされ「出し尽くした」こと、人気の高い怪獣は各社から登場して「行きわたった」ことなどが、ブーム鎮静化の原因になったのだろう。

ブームの最盛期にはたくさんの怪獣消しゴムが登場し、集める楽しさを教えてくれた。

## ユタカ　アンティッQ懐獣大集結・其ノ壱

ポピーの怪獣消しゴムから17年ほど経った2001年。その続編とも言えるシリーズが、ユタカよりスタート。それがこのアンティッQだ。

ポピー製品を復刻したものに、完全新規造形の怪獣消しゴムを加えて、10体入りのブラインドボックス仕様で販売（復刻9に対し、新規造形1の割合で封入）。

ここでは、新規造形品を紹介していこう。当時販売が無かった怪獣を中心にしたラインナップは出来映えも良く、現在でも根強い人気を誇るのだ。

初弾販売時、新規造形の消しゴムの色はシルバー及びレアカラーの肌色であったが、紹介は後発の物も取り入れて行う。

また、ガラモン、ミイラ人間、シャドー星人、テロチルスの4種はシークレット扱いだったが、封入率は他の物と差は無い。

ちなみにユタカはバンダイグループの玩具メーカーで、これ以前にはフックトイなどを手掛けていた。

**実物大** 40mm

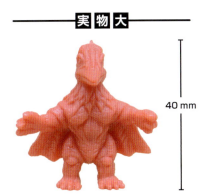

スタンダード編

リトラ

ゴルゴス

ガラモン

ゴーガ

チャンドラー

ミイラ人間

ギラドラス

シャドー星人

リッガー

テロチルス

レオゴン

オイルドリンカー

### アンティッQ復刻怪獣一覧

●其ノ壱（36種）
キーラ
ウー
メフィラス星人
ケロニア
ガヴァドン
ペスター
グリーンモンス
ギガス
ザラブ星人
ゼットン
ジャミラ
ケムラー
ダダ（A）
スカイドン
リンドン
タイラント
ロードラ
ドロボン
ミニトータス
ベロン
メドーサ星人
バードン
グロン
メモール
ジレンマ
アリンドウ
デビロン
ダロン
ラプラス
ミュー
ガモス
オコリンボール
ゴモラII
ガウス
ザルドン
ギマイラ

●其ノ弐（36種）
ドドンゴ
ゴルドン
ゲスラ
ネロンガ
ゴモラ
ザラガス
バニラ
サイゴ
ドラコ
ジェロニモン

039

## ユタカ アンティッQ懐獣大集結・其ノ弐

第2弾は同2001年内に発売された。前弾同様、ポピー時代の未発売怪獣やリメイクを中心に、2代目怪獣、バルタン星人の円盤、そしてウルトラマンも登場。非常にバラエティに富んだ内容となっている。

なおゴモラについては、「ダメージヴァージョン」として尻尾が切られた状態で制作された。

初期販売時は第1弾にあったレアカラーは存在せず、銀色のみ。シークレット扱いはゴモラ、バルタン星人の円盤の2種。

実物大

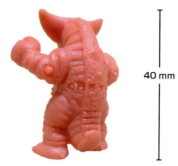

40mm

ウルトラマン

ゴメス

バゴス

バルタン星人の円盤

バルタン星人二代目

グビラ

レッドキング二代目

ゴモラ

ザンボラー

ワイアール星人

シーモンス

アクエリウス

| | | | | |
|---|---|---|---|---|
| ステゴン | ビーコン | ブリザード | ブラコ星人 | オニバンバ |
| デットン | キングマイマイ(成虫) | キララ | ベロリンガ星人 | キングゼミラ |
| マグネドン | グロンケン | ブラックエンド | ダリー | シェルター |
| サドラ | アクマニア星人 | ブラックガロン | ガイロス | エンマーゴ |
| ザニカ | レッドギラス | | フック星人 | ドルズ星人 |
| アーストロン | ブラックギラス | ●其ノ参 (36種) | ガンダー | ボルケラー |
| バルダック星人 | マグマ星人 | メトロン星人 | ペガッサ星人 | エレジア |
| ムルチ | ケットル星人 | バド星人 | グモンガ | ムルロア |
| キングザウルス三世 | サタンビートル | ガッツ星人 | アイロス星人 | クイントータス |
| ベムスター | ガメロット | ガブラ | グロスト | バサラ |
| タッコング | カネドラス | ゴドラ星人 | トンダイル | タブラ |

ロメモ：バルタン星人の円盤の刻印は「地球侵略円盤」となっている。

## ユタカ　アンティッQ懐獣大集結・其ノ参

第2弾からあまり間を置かず、2001年に発売。新規造形はかなりマニアックな物に偏り、リメイクにある程度メジャーな怪獣をチョイスして、バランスを取っている。

前弾に続いてウルトラマン枠としてセブンが登場。怪獣もセブンの物に比較的重点が置かれている。なんと、キングジョーの分離形態の頭部まである。

また、初めてウルトラマンレオの怪獣が選出されているが、アンティッQシリーズが長くは続かなかったことから、これが唯一のアイテムとなった。シークレット扱いはアギラ、キングジョーの2種。

実物大　45mm

復刻アイテムのカラーは、グリーンとベージュ。こちらはポピー第12弾から復刻されたガッツ星人。

|  |  |  |  |
|---|---|---|---|
| ウルトラセブン | ラゴン | ボスタング | バルタン星人 |
|  |  |  |  |
| ゴルドン | キングジョー | アギラ | ゴース星人 |
|  |  |  |  |
| 改造パンドン | ザイゴン | ゲラン | ウリンガ |

| | | | | |
|---|---|---|---|---|
| マザーザンドリアス | ●其ノ四 (36種) | ボーグ星人 | ケンタウルス星人 | グロテス星人 |
| メダン | ウインダム | プロテ星人 | グラナダス | スノーゴン |
| ズルズラー | チブル星人 | イカルス星人 | キングマイマイ (幼虫) | ゴルバゴス |
| ノイズラー | バンドン | ゴーロン星人 | ヤメタランス | エレドータス |
| アブドラールス | アロン | キングジョー | ササヒラー | |
| ゴラ | ベル星人 | キングボックル | バリケーン | |
| サラマンドラ | ベテロ | モグネズン | ゴーストロン | |
| メカギラス | ギエロン星獣 | シュガロン | ドラキュラス | |
| ガビシェール | エレキング | ミステラー星人 (悪) | ゴキネズラ | |
| | ビラ星人 | ミステラー星人 (善) | サドラ ※第2.5弾 | |
| | ダンカン | フェミゴン | ノコギリン | |

スタンダード編

ロメモ：バルタン星人は「バルタン星人 (初代)」と刻印されている。

## ユタカ　アンティッQ懐獣大集結・其ノ四

第3弾発売からまた間を置かず、2001年内に登場。残念ながら最終弾となった。この頃には生産数が減っていたようで、現在では比較的見つけにくい部類。

第4弾の特徴は、従来のポピー再販に加え、さらに「其の壱」の新規造形を、ポピー再販カラーで投入している点。

新造形はラインナップのバランスが良く、様々な怪獣が投入された。特に注目したいのはグランドキング。ポピーの怪獣消しゴム終了から2001年の間の、数少ない「昭和ウルトラ怪獣」とも言える貴重な存在ではないだろうか。シークレット扱いはミクラスとグランドキング。

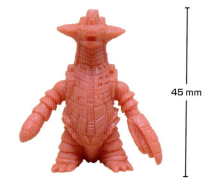

実物大　45mm

ウルトラマンジャック

バルンガ

スダール

レッドキング

ヒドラ

ドラコ（再生）

ミクラス

恐竜戦車

ビルガモ

バルタン星人Jr.

サメクジラ

グランドキング

## ユタカ　アンティッQ懐獣大集結・特別編

これまでの新規48種に、追加2体（シークレット扱い）を加えた特別編。2002年に発売された。この弾では新規造形のシルバー、ポピー再販に使用していたグリーン、ベージュに加え、新色の赤、青の5色が全50種に存在する。ただしそれぞれの製造・混入率はかなり差があったようだ。

追加の2種はニセヒーロー。ニセヒーローをシークレットに使うのは当時の流行りでもあった。アンティッQの終了をもって、ポピーの怪獣消しゴムはその歴史の幕を閉じたと言っていいだろう。

にせウルトラマン

ニセ・ウルトラセブン

実物大　45mm

ロメモ：レッドキングの刻印は「レッドキング（初代）」、ウルトラマンジャックは「帰ってきたウルトラマン」となっている。

## 丸越 ウルトラマンシリーズ怪獣ケシゴム

丸越はポピーとともにブームを牽引したメーカーで、同じくバンダイの関連メーカーでもある。低価格のカプセルトイやフックトイなどを多く販売。主に駄菓子屋やスーパー、玩具屋の少額玩具コーナーに並べられていた。

丸越の怪獣消しゴムは販売元・販売経路が複雑で、不明点があるものも多い。この項目からは、愛好家の間で丸越製品とされているものを紹介していく。また販売時期も、ある程度推測が入る。

まずここで紹介するのは最初期に展開していたと思われるシリーズで、発売は1978年ごろ。大小2サイズあるのが特徴で、このページに大サイズ16体を、次ページに小サイズ16体を掲載している。ウルトラマンは細かい作りだが、怪獣は細部を省略して大まかに特徴を捉えたような印象。そこが朴訥な魅力につながっているものもある。なおウルトラマンには、背びれがあるものと無いものが存在している。

フックトイには、本シリーズのものではなく、ポピーのミニブックが入っていた模様。ただし、本シリーズの消しゴムが、ポピーのセット商品に封入された例もあった。

実物大　58mm　31mm

□メモ：ウルトラマンジャックの刻印は「新ウルトラマン」となっている。

スタンダード編

ウルトラマン

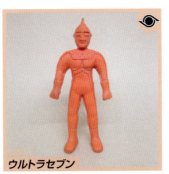
ウルトラセブン

ウルトラマンジャック

カネゴン

ベムラー

バルタン星人

アントラー

レッドキング

ジラース

ギャンゴ

ザンボラー

エレキング

イカルス星人

キングジョー

アーストロン

ブラックキング

043

スタンダード編

| ウルトラマン | ウルトラセブン | ウルトラマンジャック | カネゴン |
| --- | --- | --- | --- |
| ベムラー | バルタン星人 | アントラー | レッドキング |
| ジラース | ギャンゴ | ザンボラー | エレキング |
| イカルス星人 | キングジョー | アーストロン | ブラックキング |

ウルトラマンのバージョン違い。背びれがあるものと無いものが混在している。

フックトイで販売された商品の例。このほか、いくつかの経路で販売されたようだ。

くじ付きの袋売りで販売された例。さまざまな商品に利用されていた。

## 丸越 ウルトラマンシリーズ（大サイズ）

丸越ウルトラマンとしては特に有名な製品のひとつ。恐らく1978年ごろの発売。当初はフックトイ、セット商品または引き物のアタリなどで展開されていた。後にはマグネット素材や蓄光素材、塗装版など、かなりのバリエーションが製造されている。販売期間も非常に長く、塗装版などは90年代まで販売されていたようだ。

右は20円カプセルトイの台紙に使用された例だが、全高7.5cm程あり、実際の販売は100円カプセルトイやフックトイが一般的だったのではないだろうか。

刻印にキャラクター名は無く©円谷プロだけのものと®が追加されたものの2種が存在している。

実物大 75 mm

スタンダード編

ウルトラマン

ゾフィー

ウルトラセブン

ウルトラマンジャック

ウルトラマンエース

ウルトラの父

ウルトラマンタロウ

ウルトラの母

ウルトラマンレオ

アストラ

刻印パターンの例。同じキャラクターでも、®があるものと無いものが混在している。

ウルトラマンキング

同じ型を使用したマグネット製品。全種類に存在する。

塗装アイテムも、多岐にわたって展開された。

蓄光素材の、光る人形としても販売された。

045

## 丸越 ウルトラマンシリーズ（ポーズ）

　さまざまな商品名で販売されたもので、「アクションポーズ」と俗称されることもある。製造主導はポピーとする説もあり、不明瞭な部分が多い。
　主に必殺技などのポーズを参考にしており、遊びの幅が考慮されている。なお、ウルトラファミリーがそろい踏みする中、ジャックのみラインナップされていない。また、刻印にキャラクターの記載などは無い。
　右は台紙の一例。こちらは20円のカプセルトイでの販売もあったようだ。

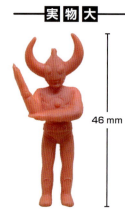

実物大　46mm

ウルトラマン

ゾフィー

ウルトラセブン

ウルトラマンエース

ウルトラの父

ウルトラマンタロウ

ウルトラの母

ウルトラマンレオ

アストラ

ウルトラマンキング

## 丸越 ウルトラマンファミリーペンシルキャップ

　ゴム製のペンシルキャップにフィギュアを付け、文具に見立てた変わり種の商品。全高は6cm程と大きいが、フィギュア部分は普通のものと同等の4cm程。
　ジオラマ風の効果を狙ったのか、ウルトラマンの脚の間には、岩のようなテクスチャーが置かれている。当時は消しゴムの「間」を抜くという発想、あるいは技術がなかったのかもしれない。
　主にフックトイとして展開され、カプセルトイでの販売もあったようだ。

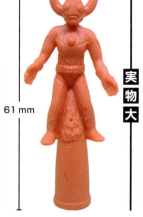

61mm　実物大

ウルトラマン

ゾフィー

ウルトラセブン

ウルトラマンジャック

ウルトラマンエース

ウルトラの父

ウルトラマンタロウ

ウルトラの母

ウルトラマンレオ

アストラ

ウルトラマンキング

## 丸越 防衛隊メカシリーズ

　ウルトラシリーズに登場した防衛チームのメカを特集したシリーズ。防衛隊メカ類に関しては、玩具全体ではかなり充実しているが、消しゴム玩具においてはとても少なく、非常に貴重なシリーズ。

　とはいえ、ラインナップは全8種と少なく、またその多くがウルトラ警備隊のメカ。新しいものでもエースまでで、タロウ以降のメカは入っていない。主にカプセルトイで販売していたようだ。

ジェットビートル

ウルトラホーク1号

ウルトラホーク3号

ポインター

マグマライザー

マットアロー1号

マットアロー2号

タックファルコン

## 丸越 ザ☆ウルトラマン

　ザ☆ウルトラマンの放送当時に販売されたアイテムをまとめて紹介する。カプセルトイ、フックトイなどさまざまなかたちで販売された。

　このラインでは、とにかく新ヒーロー・ジョーニアスを8種類もラインナップ。掲載アイテムの4つ目までが7cm強の大サイズで、残り4つが5cmほど。

　続いて防衛隊メカを投入する等、オンタイムならではのラインナップが特徴。一方怪獣の種類は少ない。

ウルトラマンジョーニアス

ウルトラマンジョーニアス

ウルトラマンジョーニアス

ウルトラマンジョーニアス

ウルトラマンジョーニアス

ウルトラマンジョーニアス

ウルトラマンジョーニアス

ウルトラマンジョーニアス

スーパーマードック

バーディー

ベータミー

ステーションホークN3

ピグ

シーグラ

ワニゴドン

レッドスモーギ

## 丸越 アクションポーズ

「アクションポーズ」などの商品名で売られていたシリーズ。ジョーニアスまで、当時のウルトラマン全員がラインナップ入りしている。

ザ☆ウルトラマンの放送中の、1979年の商品と考えられる。右はフックトイ販売の一例。

ウルトラマン

ゾフィー

ウルトラセブン

ウルトラマンジャック

ウルトラマンエース

ウルトラの父

ウルトラマンタロウ

ウルトラの母

ウルトラマンレオ

アストラ

ウルトラマンキング

ウルトラマンジョーニアス

## 丸越 マスクマグネットシリーズ

ゴム製マスクの裏にマグネットが装着されている変わり種アイテム。カプセルトイやクジのアタリ商品などとして販売。銀色素材に彩色されたもの、銀色素材の無彩色、通常色の無彩色などのバリエーションがある。

こちらも、ザ☆ウルトラマンの放送当時のものと思われる。なお、キャラクター名の刻印は無い。

カプセルトイ用の台紙。円形の部分に、見本が貼り付けられていたようだ。

ウルトラマン

ウルトラセブン

ウルトラマンエース

ウルトラの父

ウルトラマンタロウ

ウルトラの母

ウルトラマンレオ

アストラ

ウルトラマンキング

ウルトラマンジョーニアス

## 丸越 ウルトラマンシリーズNo.5

丸越では最も有名な怪獣消しゴム。No.5というのはポピーのNo.4を受けて販売された名残のようなもの。初期のミニブックはNo.5と記載されているが、後に削除された。台紙は20円カプセルトイの使用例。

非常に長期間製造され、1979年ごろから90年代半ばまでさまざまな方法で販売されていた。初期には刻印に間違いもあり、その修正や長期に渡る販売での金型改修などにより、多くのバリエーションがある。

全ての怪獣に大小2サイズが存在する。この点で特に注目したいのはデッパラス。大きいサイズは「再生バージョン」となっており、芸が細かい。なお、サイズを区別するために大、小を付けて掲載した。

種類は40種80体におよぶが、当初はブリザードまでの30種60体。後半の10種20体は追加アイテムだ。後半リリースの「リトル」の刻印は、ハッキリとは見えないものの、兄弟怪獣のガロンの記載に見える。とはいえ、これはどう見てもリットルなのでその通りの紹介とする。

実物大

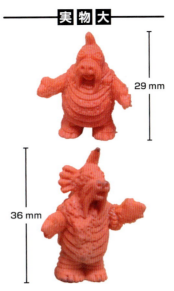

29 mm / 36 mm

スタンダード編

ペギラ（大）

ペギラ（小）

ゲスラ（大）

ゲスラ（小）

アボラス（大）

アボラス（小）

ヒドラ（大）

ヒドラ（小）

スタンダード編

| ドラコ（大） | ドラコ（小） | ゴルドン（大） | ゴルドン（小） |
|---|---|---|---|
| タッコング（大） | タッコング（小） | キングザウルス三世（大） | キングザウルス三世（小） |
| ツインテール（大） | ツインテール（小） | グドン（大） | グドン（小） |
| シーゴラス（大） | シーゴラス（小） | マグネドン（大） | マグネドン（小） |
| キングストロン（大） | キングストロン（小） | グロンケン（大） | グロンケン（小） |
| ヤドカリン（大） | ヤドカリン（小） | ブラックキング（大） | ブラックキング（小） |

一口メモ：マグネドン大サイズの角が折れているが、これは仕様で、出回っている物全て、折れた状態。

050

## 丸越 ウルトラマンシリーズ BIG大型怪獣群

　フックトイで販売されていた大型商品。6〜7cm程の大きさで、非常に迫力がある。24種あり、ラインナップもウルトラマン〜タロウの人気怪獣で占められている。非常に細かい造形が施されているが、再現度という意味ではやや大味なものも。

　販売時期が短かったのか、あるいは生産数が少なかったのか現存数は少なめ。刻印のキャラクター名は、全てカタカナで記載されている。

スタンダード編

カネゴン

ベムラー

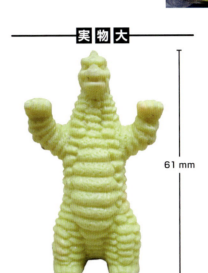
実物大 61mm

バルタン星人

アントラー

レッドキング

ジラース

ギャンゴ

テレスドン

ゴモラ

メフィラス星人

シーボーズ

ゼットン

053

 エレキング
 ミクラス
 ペガッサ星人
 ギエロン星獣
 アーストロン
 サドラ
 ツインテール
 グドン
 ブラックキング
 ベムスター
 バキシム
 キングトータス

## 丸越 ウルトラマン80シリーズ

　ウルトラマン80放送時の商品で、さまざまなかたちで販売された。また、一部のアイテムはポピーでの玩具販売にも使用された。
　サイズは多岐にわたり、ウルトラマン80の最も大きいものは11cmを超えている。ここでは、特大、大、小に分類し、名前に付記した。
　ウルトラマン80の小サイズ2種は、増し型によるサイズダウンと思われる。このほか、ポピーのものも一緒に販売されていた。
　ビークル系の特大は、これで全種とは言い切れないほど流通量が少ない。また、特大・大ともシルバーガルのα、β号の合体が可能。
　ミニブックにはノイズラー、マザーザンドリアスの記載があるが、丸越では製造されなかったようだ。

左はウルトラマン80のサイズ比較。大きい順に、特大・大・ポピー版・小で、特大は115mm、大でも68mmあった。上はメガギラスのサイズ比較。怪獣の特大サイズは、60mmほど。

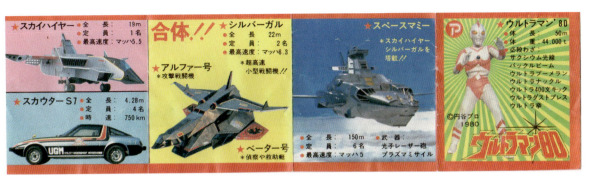

スタンダード編

ウルトラマン80（特大）

ウルトラマン80（特大）

特大サイズのシルバーガルを合体させたもの。

こちらは大サイズで、同じく合体可能。

ウルトラマン80（特大）

ウルトラマン80（特大）

ウルトラマン80（大）

ウルトラマン80（大）

ウルトラマン80（大）

ウルトラマン80（大）

ウルトラマン80（小）

ウルトラマン80（小）

スペースマミー（特大）

スカイハイヤー（特大）

シルバーガルα号（特大）

シルバーガルβ号（特大）

055

## 丸越 ジオラマベース／ウルトラマン大集合／他

　初出は1984年販売のバンダイ「ジオラマベース」と考えられている。その後、フックトイ・セット商品などで丸越から販売。長期にわたって展開され、90年代後半でもセット商品に封入されていた（後年には、販売がユタカに移行）。こうした経緯から、ここでは丸越のアイテムとして紹介している。

　長期間販売されただけあって、カラーや素材のバリエーションも非常に多い。

実物大　41mm

カネゴン

バルタン星人

ネロンガ

アントラー

レッドキング

ジラース

ガマクジラ

アボラス

テレスドン

ゴモラ

メフィラス星人

ゼットン

エレキング

メトロン星人

イカルス星人

アーストロン

サドラ

シュガロン

ノコギリン

デッパラス

スタンダード編

## 丸越　ウルトラマンボー／他

　これも丸越では後期にあたるシリーズ。右の写真のウルトラマンボーと呼ばれる玩具（1983年発売で、販売は後にバンダイ事業部となったポピー）が初出とする説が多く、その場合、前出の「ジオラマベース」などより先の販売ということになる。しかし、ラインナップの怪獣から見るとほぼ同時かこちらが後、と考えるのが妥当だろう。

　「ジオラマベース」などより僅かに小さく、作風もやや異なる。こちらも同様に、販売はセット商品メインで、カプセルトイはスポット的な販売。丸越以外のメーカーが販売することも多く、その場合珍色とも言うべき変わったカラーが多いのも特徴。

**実物大**

35 mm

ガラモン

ベムラー

チャンドラー

ペスター

ジャミラ

グビラ

シーボーズ

ゴドラ星人

ペガッサ星人

キングジョー

ベル星人

ガンダー

ギエロン星獣

ベムスター

キングマイマイ（成虫）

ブラックサタン

ヒッポリト星人

キングトータス

マグマ星人

ギロ星獣

## 丸越 リアルタイプ ウルトラマン VS 怪獣シリーズ A型

1985年前後に発売された、最大10cm程の大型商品。当時ヒットしていたキン肉マンの消しゴム人形の「デカ消し」と呼ばれる物に準ずる商品で、ウルトラマンシリーズの消しゴムにおいて初めて「リアル」と銘打ったシリーズでもある。

フックトイで販売され、ペールオレンジカラーが通常だが、一部に例外もある。このA型（第1弾）は初代ウルトラマンから人気怪獣10種が登場。先の通り最大は10cm程の全高だが、サイズ感はバラバラで、小さい物は6cmほどしかない。

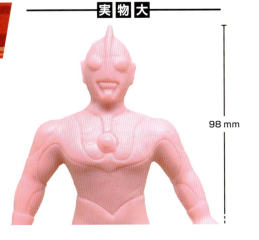

実物大 98mm

スタンダード編

ウルトラマン

ベムラー

バルタン星人

アントラー

レッドキング

ジラース

ドドンゴ

テレスドン

ゴモラ

ゼットン

ウルトラマンやバルタン星人、ゼットンが10cm近いのに対し、ゴモラやテレスドンは6cmほど。

059

## 丸越 リアルタイプ ウルトラセブンVS怪獣シリーズ"B型"

ウルトラマンの後を受けたB型（第2弾）は、ウルトラセブンをフィーチャーしたシリーズ。前弾と同じく、サイズ感はバラバラ。

残念ながら続編は出ず、最終弾となる。帰ってきたウルトラマン編も見たかったところ。これ以降、丸越の新規怪獣消しゴムは製造されず、同社としてもこれが最終ラインとなった。

後年、A・B型双方を塗装しての販売が行われており、色合いはソフビ的な派手なものになっていた。

ウルトラセブン

ウインダム

エレキング

ミクラス

ゴドラ星人

ペガッサ星人

イカルス星人

キングジョー

ベル星人

ギエロン星獣

エレキングとミクラスが約7cmほど。キングジョーは約8cm。他は9〜10cmある。

## ブルマァク ミニミニ怪獣シリーズけしごむ／他

ブルマァクはウルトラ怪獣のソフビ人形で第二次怪獣ブームを牽引したメーカーとして知られる。

ここで紹介する人形は、ソフビ人形の廉価版的な意味合いで製造が開始されたもの。怪獣の消しゴムとしては最古の歴史を持つが、非常に複雑な経緯をたどっているため、以下、その概要を紹介する。

帰ってきたウルトラマン（71〜72年）〜レオ（74〜75年）放送時に順次、彩色した消しゴムが登場。同時期に、無彩色のポリ人形なども販売。その後、無彩色ゴム人形での販売が始まる。こちらは実際に消しゴムとして使用可能で、現存数は非常に少ない。

さらにその後、ポピー・丸越から無彩色ゴム人形として販売。同時期にセアーズからは、マグネット怪獣消しゴムなどで販売されている。こうしてさまざまなかたちで販売され続け、ノンキャラクターのカプセルトイなどで90年ごろまで使用されていた。

この項目の写真には、ブルマァクからの販売物に限らず、いくつかの販売元の物を使用している。なお、ブルマァク販売時にはブルマァクの刻印があるが、それ以降の物は同社の刻印がなくなっている。

**実物大**

56mm

スタンダード編

ロメモ：キングジョーの刻印は「キングジョウ」となっている。

ウルトラマン　ウルトラセブン

彩色された消しゴム版のモグネズン。

ブルマァク販売のアイテムには、社名の刻印が入っている。

ウルトラマンレオ　MAT隊員

カネゴン

バルタン星人

メフィラス星人

キングジョー

タッコング　サドラ

デットン

ツインテール

061

スタンダード編

グドン

ゴルバゴス

ゴーストロン

ダンガー

モグネズン

シーゴラス

ゴキネズラ

カネドラス

カーリー星人

ベキラ

ギロ星獣

ロン

## ブルマァク ウルトラかぞくけしごむ

　初めから彩色ナシでの販売を前提にした消しゴム人形としては、最古の物ではないかと思われる。販売は「ウルトラマンタロウ」放送時の1973年ごろ。ここまでのウルトラファミリーが総登場、こちらも素材は実際に使える「消しゴム」だ。

　後に丸越から、この金型を使用した「ウルトラマンファミリーケシゴム」というフックトイが登場。この2社では素材が異なり、丸越製品は通常の塩ビ人形となっている。また同じ種類で比べると、わずかに丸越版のほうが小さくなっている。

　ブルマァク版は希少性が高いため、掲載写真には丸越の「ウルトラマンファミリーケシゴム」も使用。

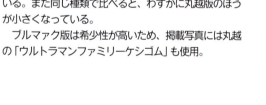

ウルトラマン

ゾフィー

ウルトラセブン

ウルトラマンジャック

ウルトラマンエース

ウルトラの父

ウルトラマンタロウ

ウルトラの母

## タカラ　ウルトラマンゲーム史上最大の侵略戦

1984年発売のボードゲームのコマ。これ以外に小型のゲームなどでも使用されているが、ボードゲームには全種入っている。ゲームのコマらしく台座がついているのが特徴。ウルトラマンは銀色のみでＡ・Ｂ・Ｃとアルファベットが振られ、怪獣は薄茶色のみでNo.が振られている。

ラインナップとしては、ウルトラマンではキング、怪獣ではナースが目を引く。そう多くはない中、これらがチョイスされるのは稀なこと。特にナースに関しては非常に珍しい。

なお右の黄色のウルトラマンは、このゲームの販促品として配布された物と思われる。

実物大

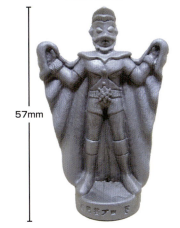
57mm

スタンダード編

ウルトラマン

ウルトラセブン

ウルトラマンエース

ウルトラマンタロウ

ウルトラマンレオ

ウルトラマンキング

ベムラー

バルタン星人

レッドキング

メフィラス星人

エレキング

ナース

キングジョー

ギエロン星獣

ベロクロン

バキシム

ヒッポリト星人

アストロモンス

ライブキング

テンペラー星人

# ウィルビィ アンドロ超戦士／他

ウィルビィは古くからフックトイやカプセルトイ用の消しゴムなどを作っていたメーカーで、現在も玩具の企画・製作を行っている。

ウルトラシリーズではアンドロメロス関連アイテムを手掛けた。その展開は手広く、サイズや販売形態もさまざまだが、ここではまとめて紹介していく。

特大のアンドロマルスは15cmほどあり、フックトイで販売。大サイズ3種は7〜8cm、小サイズ5種は5cmほどで、カプセルトイやセット商品など。最後の3種は硬質ゴムの組み立て式の玩具で、カプセルトイのほか、彩色されたものがセット販売されていた。

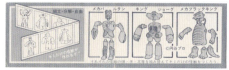

組み立て式3種が、カプセルトイで販売された際のミニブック。

サイズを比較。特大のアンドロマルスは、ウルトラ怪獣消しゴム関連の中でも最大の15cm。

アンドロマルス（特大）

アンドロメロス（大）

アンドロウルフ（大）

アンドロマルス（大）

アンドロメロス（小）

アンドロウルフ（小）

アンドロマルス（小）

サイボーグジュダ（小）

改造ゴラ（小）

メカバルタン

キングジョーグ

改造ブラックキング

## セアーズ 磁力戦 マグネットウルトラマン 小サイズ

　セアーズは、「磁力戦ウルトラエレキ」などの商品名で、マグネット素材の怪獣消しゴムを販売していたメーカー。会社としてはすでに存続しておらず、詳細については不明点が多いメーカーでもある。

　これら「磁力戦」シリーズの内、初期から展開していたと思われるのが、以下の商品群。小さいものとやや大きいものがあり、まずは小サイズのシリーズから紹介する。これらは2〜3cmほどと小さく、主にカプセルトイでの販売だったと思われる。次項で紹介する大サイズと組み合わせて、カプセルトイに封入されるケースもあったようだ。

　種類数は多く、3〜4弾に分けて投入されたと考えられるが、ミニブックなどの資料が無いため、まとめて紹介する。また以下に掲載した怪獣のほか、ルナチクスが確認されている。さらに他にも存在する可能性は否定できない。

　なお怪獣名の刻印は入っておらず、以下では推測も含めて怪獣名を付けている。また、同じ怪獣でも刻印位置が異なるアイテムがある。

実物大　26mm

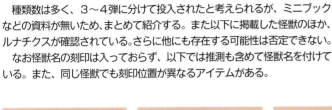
同じ怪獣でも、刻印が正面にあるものと、側面にあるものが確認されている。

|  |  |  |  |  |
|---|---|---|---|---|
| カネゴン | ガラモン | バニラ | テレスドン | ザラガス |
|  |  |  |  |  |
| エレキング | イカルス星人 | バド星人 | アロン | パンドン |
|  |  |  |  |  |
| ゴルバゴス | ゴーストロン | ダンガー | シーゴラス | シーモンス |
|  |  |  |  |  |
| ベムスター | ゴキネズラ | ノコギリン | バリケーン | プルーマ |

※ガラモン、テレスドン、エレキングはそれぞれピグモン、デットン、再生エレキングの可能性もある。

掲載した人形のうちグロテス星人のみ、特殊な刻印パターンになっていた。「円谷」のほか、セアーズの社名とロゴが刻印されている。

※ブラックギラスはレッドギラスの可能性もある。

## セアーズ 磁力戦 マグネットウルトラマン 大サイズ

前掲の小サイズと同じく、主にカプセルトイで販売されたマグネット素材の消しゴム人形。写真右は、20円のカプセルトイに投入された際の台紙。

こちらも3弾ほどに分けて順次追加された模様。今回、ウルトラマンのみ塩ビ製の物を掲載しているが、これはテストショットなどで製作されたと思われるもの。実際に当時カプセルトイに投入されたのは、マグネット素材のものがメインで、塩ビ製はごく少数の流通だったようだ。

怪獣のラインナップを見ると、兄弟怪獣「リットル」と「ガロン」が同時に入っている。どちらか片方しか販売されない事が多い中、非常に珍しい例だ。

なお、小サイズと同様、怪獣名の刻印は無い。

実物大 35mm

ウルトラマン

ゾフィー

ウルトラセブン

ウルトラマンジャック

ウルトラマンエース

ウルトラの父

ウルトラマンタロウ

ウルトラの母

ウルトラマンレオ

アストラ

ウルトラマンキング

ウルトラマンジョーニアス

アントラー

ウー

ゴルドン

チブル星人

スタンダード編

ガイロス

タッコング

ダンガー

シーゴラス

ビーコン

ザゴラス

ナックル星人

バルダック星人

ビルガモ

グロテス星人

ササヒラー

カメレキング

ガラン

レッドジャック

カイテイガガン

ドリームギラス

サウンドギラー

マッハレス

ファイヤー星人

オニデビル

ガスゲゴン

シグナリオン

アストロモンス

ライブキング

069

## セアーズ 磁力戦 初期シリーズ

　セアーズの「磁力戦」の中でも、初期に販売されたと考えられるシリーズ。ラインナップを見ると、先に紹介した2シリーズとほとんど怪獣が被っておらず、しかも非常に有名な怪獣で占められている。このことから、前掲シリーズよりも先に企画されたと考えられるが、詳細は不明だ。造形は、ポピーの怪獣消しゴムのごく初期のものと共通点を感じる。

　販売はマグネット素材のものがメインだったが、そのほかに消しゴムの販売も行われた。ここでは、消しゴムの写真で紹介していこう。

実物大
31mm

スタンダード編

バルタン星人

レッドキング

ジラース

ゴモラ

ゼットン

エレキング

ミクラス

キングジョー

タッコング

グロンケン

ブラックキング

エースキラー

## Column　マグネット消しゴムのカラー

　マグネット消しゴムの成形色は、素材の特性上黒色のみとなる。ただし、全体が単色で塗られているものも多数ある。

　このいわゆるクルミ塗装は、セアーズの磁力戦では5色（金・銀・赤・青・緑）が存在する。

071

## セアーズ 磁力戦 3.5cmシリーズ

さまざまなサイズで展開されたウルトラマンのうち、小さい部類になる3.5cmほどのシリーズ。登場は1979年内と考えられ、フックトイ、カプセルトイなど幅広く販売された。右は、セット商品の例。

ゾフィーには、ブレスターなどがあるもの・無いものの2種がある。恐らく最初に無い物が作られ、後に修正されたと考えられる。もちろん当時としてはミスなのだが、偶然ながらも究極の「先取り」アイテムとも言える。

実物大 36mm

ウルトラマン

ゾフィー

ゾフィー

ウルトラセブン

ウルトラマンジャック

ウルトラマンエース

ウルトラの父

ウルトラマンタロウ

ウルトラの母

ウルトラマンレオ

アストラ

ウルトラマンキング

ウルトラマンジョーニアス

背面の脚に、「円谷プロ」の刻印。一部に、刻印パターンがやや異なるものも確認されている。

## セアーズ 磁力戦 怪獣ナンバーシリーズ

　前項の「3.5cmシリーズ」のウルトラマンに対応したような怪獣シリーズ。同じく3.5cmほどだが、緻密な造形で見ごたえがある。販売は20円のカプセルトイ、フックトイなど。

　このシリーズには36種類があり、12種類づつ3弾に分けて投入された。第3弾にあたるNo.85〜96は、マグネットのほか、消しゴムも販売された。チョイスはマニアックながら、造形のよさから人気も高い。

　このシリーズは刻印が特徴的で、版権表記とともにナンバーが振られている。このナンバーは「61」からスタートしており、60までのものは確認されていない。詳細不明だが、掲載順もナンバーに従った。

実物大　31mm

スタンダード編

一口メモ：アボラスの造形は映像作品と異なり、角が2本ある。

バルタン星人（61）

レッドキング（62）

ジラース（63）

ゴモラ（64）

ダンガー（65）

テロチルス（66）

ネロンガ（67）

ウインダム（68）

ギャンゴ（69）

アントラー（70）

ベムラー（71）

チャンドラー（72）

ガボラ（73）

アボラス（74）

バニラ（75）

ツインテール（76）

## セアーズ 磁力戦 6cmシリーズ

　ザ☆ウルトラマン当時に登場したと思われる、6cmほどのアイテムで、フックトイやセット商品で流通。バリエーションとして、1色クルミ塗装の磁石や、セット用と思われる塗装された磁石、さらにツヤのあるゴム製のものがある。このゴム製のものは、1992年にユタカから発売されたフックトイ「ウルトラマンミニヒーロー」に封入されたもので、カラーはオレンジ色。
　ジョーニアスまでの12種が存在しており、造形も魅力的。刻印は©円谷プロとキャラ名で共通。

実物大

60mm

スタンダード編

ウルトラマン

ゾフィー

ウルトラセブン

ウルトラマンジャック

ウルトラマンエース

ウルトラの父

ウルトラマンタロウ

ウルトラの母

ウルトラマンレオ

アストラ

ウルトラマンキング

ウルトラマンジョーニアス

## Column　セアーズのマグネット素材

　マグネットの怪獣消しゴムは、一般的な消しゴム人形と同じく、塩化ビニル樹脂（塩ビ）が主成分。ただしそこに、磁性体と呼ばれる素材が練り込まれている。こうして作られたマグネット人形は、多少の弾力性を持ちつつ、磁力を帯びている。ただしその特性上、塩ビの消しゴム人形と比べると破損しやすく、細かい表現は苦手。また、製造時の色は黒に限られる。人形同士を近づけるとくっついたり離れたりするのも特徴で、一部のパッケージには、それを活かした遊び方が記載されていた。

075

## セアーズ 磁力戦 8cmシリーズ

8cmもある大型のシリーズで、これもセットやフックトイで販売されていたもの。バリエーションに、1色クルミ塗装のマグネット、塗り分けのマグネット、塗り分けのゴム製が存在する。

同じウルトラマンでもマグネットとゴムでは彩色に差があり、マグネットはカラータイマーやビームランプも塗装されているが、ゴムでは省略されている。

いわゆる怪獣消しゴムからは逸脱しているが、一連のセアーズのシリーズとして取り上げた。

ウルトラマン

ゾフィー

ウルトラセブン

ウルトラマンジャック

ウルトラマンエース

ウルトラの父

ウルトラマンタロウ

ウルトラの母

ウルトラマンレオ

アストラ

ウルトラマンキング

ウルトラマンジョーニアス

## セアーズ 磁力戦 ウルトラマン怪獣軍団36／他

このジョーニアスは、セット商品の「磁力戦 ウルトラマン怪獣軍団36」に含まれるもの。同セットのうち、ジョーニアス以外のウルトラマンは丸越の「ウルトラマンシリーズ（大サイズ）」(P.45) のマグネット版。ジョーニアスも、造形は丸越のものに非常に近い。また、怪獣などウルトラマン以外は、ブルマァク「ミニミニ怪獣シリーズけしごむ」(P.61) のマグネット版のようだ。なお以下は、このアイテムに関連するミニブック。

ウルトラマンジョーニアス

## セアーズ 磁力戦 ジュニア16

　ウルトラマン80までに登場した名前のあるウルトラマンが、全員投入されているのがすばらしい。ロトやアミア、最新の80まで統一のアイテムで商品化している点は、消しゴムのみならず玩具全般でもこの商品だけの特徴。

　塗装されたセット商品が多かったようだが、それ以外にもクルミ塗装のフックトイ、カプセルトイなどもあったようだ。紹介はこれらを混在して行う。

　造形は全体的にシャープだが、刻印など細部にややあいまいなところがあり、ゾフィーの刻印は「ゾーフィ」、ウルトラマンタロウは「ウルトラマンタロー」。またエレク、ロトの刻印は「ウルトラマンエレク」などとなっている。なお、ウルトラマン80のみ「1980」の刻印がある。

46mm　実物大

スタンダード編

ウルトラマン

ゾフィー

ウルトラセブン

ウルトラマンジャック

ウルトラマンエース

ウルトラの父

ウルトラマンタロウ

ウルトラの母

ウルトラマンレオ

アストラ

ウルトラマンキング

ウルトラマンジョーニアス

エレク

ロト

アミア

ウルトラマン80

## セアーズ 磁力戦 ウルトラマン80（1980刻印）

セアーズのウルトラマン80のうち、「1980」の刻印があるアイテム群。このタイプだけで7種類のエイティが投入されているのは、オンタイムならではのラインナップ。

塗装版はセット商品などで、クルミ塗装のものはフックトイなどで展開された。また、最初のひとつのみ7cm強あり、他は6cm強のサイズ感。

ウルトラマン80

ウルトラマン80

ウルトラマン80

ウルトラマン80

ウルトラマン80

ウルトラマン80

ウルトラマン80

## セアーズ 磁力戦 ウルトラマン80

先のラインとは異なり、1980刻印がないタイプ。セット商品がメインだが、カプセルトイにも投入。

エイティと隊員のみ6cmほどで、塗装版と1色のクルミ塗装版がある。ビークルや怪獣は3cmほどと小さく、1色のクルミ塗装のみ。

合体した状態のシルバーガルに関しては、消しゴム系のアイテムではこれのみしか存在しない。

ウルトラマン80

UGM隊員

スペースマミー

スカイハイヤー

シルバーガル

クレッセント

ギコギラー

## セアーズ 磁力戦 ウルトラマン80 UGMマシーンセット

大きな箱の中に、セアーズのウルトラマン80関連商品の多くを詰め合わせた商品。ここでは、このセットのみの販売と思われるビークル類を紹介。

6～7cmほどと大きく、複数パーツで変形・合体する。底面に専用のコロパーツを付け、走行させることも可能。さらには、シールを添付した豪華仕様。

いわゆる怪獣消しゴムからは大きく外れた商品だが、希少性も高いため掲載することにした。

●変形・合体の例

スペースマミー

スカイハイヤー

シルバーガルα

シルバーガルβ

## セアーズ 磁力戦 ウルトラマン80怪獣

P.73の「怪獣ナンバーシリーズ」の続編のようなアイテム。刻印はナンバーが無くなり、代わりに怪獣名が入るようになった。販売はカプセルトイやフックトイのほか、上の「UGMマシーンセット」などにも封入。発売は、これもウルトラマン80放送時と考えられる。

3cmほどの小ささにも関わらず、リアルで精緻な造形が楽しめる。1クール相当の怪獣がラインナップしており、ポピー以外ではこのラインにしか存在しない怪獣も多数。ただし、マグネット素材の特性上、やや再現性に難が生じている部分もある。

実物大 29mm

クレッセント

ギコギラー

ホー

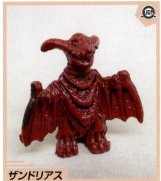
ザンドリアス

スタンダード編

メカギラス

アブドラールス

ノイズラー

タブラ

ガビシェール

ズルズラー

メダン

ゴラ

## セアーズ 磁力戦 ウルトラマンタロウ怪獣

ウルトラマン80の放送時に投入された、ウルトラマンタロウの怪獣のみのライン。当時の再放送に合わせて商品化されたと思われる。他に類を見ないマニアックなチョイスが魅力で、造形も優れている。
　当初はマグネット素材のセット商品が中心だったが、すぐに消しゴムがカプセルトイで販売されるように。長期間にわたって売れ続けたようで、さまざまな成形色の消しゴムが存在している。右はマグネットのセット商品の例。

実物大 35mm

オイルドリンカー

コスモリキッド

トンダイル

アリンドウ

ボルケラー

キングゼミラ

ヘルツ

ムルロア

メドウーサ星人

テロリスト星人

オルフィ

ガラキング

## 山勝 ウルトラマン

怪獣消しゴムと聞くと、ポピーや丸越のほか、山勝を思い浮かべる人も少なくない。しかし山勝は、「ゴジラ」の消しゴム玩具は多数販売していたものの、典型的なウルトラ怪獣消しゴムは販売していない。

唯一の販売例がこちらで、胴体がプラ製、他のパーツがゴム製というシリーズ。プラボディだが、広義では怪獣消しゴムに入るだろう。なおこの作りは、同社のガンダム関連アイテムにならったものと思われる。

最初はカプセルトイで、後に選択可能なボックスも登場している。価格はどちらも100円ほど。

実物大 58mm

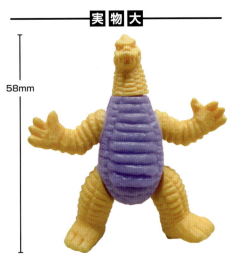

ウルトラマン

バルタン星人

レッドキング

ゴモラ

バニラ

メフィラス星人

エレキング

キングジョー

# INTERVIEW

# ブルマァクとセアーズ

## インタビュー：鐏 三郎

聞き手：張田精次

**鐏 三郎**（いしづき・さぶろう）

1936年生まれ、千葉県出身。1951年マルサン商店入社、第一次怪獣ブーム時に怪獣ソフビを開発。1969年4月ブルマァクを設立、第二次怪獣ブームを予見し、怪獣ソフビの再販と新規商品で多くの怪獣ファンを獲得。1977年の同社倒産後も玩具業界で活躍し、第三次怪獣ブーム時には磁力戦というマグネット怪獣人形を世に出した。2007年にブルマァクを新会社として設立。いまなお怪獣をはじめとするソフビの展開に勤しんでいる。

ブーム創世記から現在に至るまで怪獣と関わり続ける、生き字引といえる存在の鐏氏。ここでは本書に大いに関連する初の怪獣消しゴム誕生の経緯から、「磁力戦」で知られるセアーズ社との関わりまで語っていただいた。マグネット怪獣人形の秘話は、本邦初公開!!

## ★ブルマァクについて

創業時（1969年4月）は版権ものには手を出すつもりじゃなかったが、子供たちの盛り上がりを見て、3ヶ月ぐらいで意志を変え、6月には怪獣ソフビの宣伝を打っていました。「帰ってきたウルトラマン」(1971年～)が始まる前の時期です。そうして第二次怪獣ブームを共にしました。

## ★消しゴム玩具について

消しゴムのような小型人形としては「ミニミニ怪獣シリーズ」が最初で、「帰ってきたウルトラマン」の頃に、ポリ製のものが出ています。後に素材を変えて、塩ビの消しゴム人形も作りましたね。またさらに後の第三次怪獣ブーム時には、これの金型を流用して、他社からもいろいろな素材で販売されました。ブルマァクの倒産でご迷惑をおかけした製造会社さんなどに、「どうぞ、そのままやってください」とお渡しした気がします。怪獣消しゴムというジャンルが始まったばかりの頃なので、各社ともラインナップを埋めるために利用していたのかも。

最初から消しゴム人形として作ったものとしては、「ウルトラマンタロウ」放送時（1973年～）の「ウルトラかぞくけしごむ」が最初になると思います。これは材料が本当の消しゴムで、よく消えたはず。狙いは、おもちゃ屋以外に文房具屋などで流通させようということでした。

ブルマァクの「ミニミニ怪獣シリーズ」。こちらは、後から登場したという塩ビ製の消しゴム人形。

ウルトラマンの消しゴムでも最も古いと思われる、「ウルトラかぞくけしごむ」。本当に消せる素材で作られていた。

## ★セアーズについて

ブルマァクが無くなったのは1977年頃。倒産する半年ほど前に、各社と相談して、ウルトラ怪獣の商品化について調査をしていたんですが、その時は実現できませんでした。しかし、怪獣は売れると思っていたので、ウルトラシリーズ以外の怪獣ソフビ、「マグマ大使」とか「流星人間ゾーン」などを、付き合いのあったオレンジやアークで作りました。

ブルマァク倒産後も何か怪獣に携わりたいと、商品化の権利交渉をしてくれる会社を探してセアーズに巡り会いました。セアーズは本来駐車場など土地や設備の管理を手掛ける会社でしたが、そこに「商品化をお願いしたいんですけど」と交渉していただきました。そして、すでに商品化をスタートさせていたポピーやバンダイとバッティングしない商品を開発しようということで、日本になかった磁石入りの怪獣を出すことに。最初は塗装もままならず、黒っぽい下地のまま売り、その間に塗料の研究をして、次第に色を塗るようになりました。

## ★マグネット人形について

ブルマァクが倒産する間際、スーパーカーが流行っていて、そこで初めて磁石の素材を使った。そのときの経験を活かして、怪獣でもやろうと。当初は無彩色の黒い人形だけで、まだ自販機であまり消しゴムみたいなものは売っていなかったため、みんな疑心暗鬼で最初の販売数は少なかったです。50万個とか100万個、カプセルの場合は何百万個やるのが普通ですから。

それから色を付けるように研究して、最終的には3,000万個近く売ったんじゃないかな。最初は子どもたちも黒くてもあまり気にせず、「くっつくんだ」というところで興味を持ってくれたようです。ところが弊害があり、カプセル同士でくっつくんです、これは予想外でした。

## ★磁力戦シリーズの裏話

マグネット人形のアイデア自体は、協力会社の開発担当者が何かオモチャに活かせるものは無いかといろいろ研究していて、

セアーズのマグネット人形「磁力戦ウルトラマン」。カプセルトイのほか、このようにフックトイとしても流通していた。

その中からのチョイスでした。散々失敗しながら、半年か1年くらい掛かりました。磁性体と塩ビの配合比とか。

軌道に乗ってしばらくして、お客さんから塗料へのクレームがありました。生産から半年ぐらいすると中から油がにじみ出てきて剥離し、子どもの衣服に付いちゃうと。これを受けて一度発売中止して、はがれない塗装を開発して、今でも剥がれないものを作ることができました。

磁力戦の終盤には、怪獣消しゴムが大々的に展開していたこともあり、売れなくなってきていました。それに加えて、製造上の問題も。磁性体は金属なので、成形する機械が痛んじゃうんですよ。耐用年数20年30年の機械が、わずかな期間で。修理をしてもすぐダメになっちゃう。それで工場側から「利益が合わない」と。これも予想外でした。セアーズ後期に塩ビ素材のものが作られたのは、機械の摩耗というのも、理由の大きなひとつです。普通の消しゴム人形は今でも作れても、磁力が入ったやつはもうできないでしょうね。

## ★セアーズでの活動時期

セアーズで仕事していたのは、おそらく2年間くらい。「ウルトラマン80」(1980年～1981年) が終わる頃までだと思います。

セアーズでは、「磁力戦」という商標をとって、それでやっていました。最初は磁力戦とは謳っていませんでしたが、こういったパッケージを付ける場合はブランドイメージ、名前がものをいいますからね。

現在も、旧ブルマァクの復刻なども含め、いろいろと作っています。インターネット上の「ブルマァクショップ」などで見てみてください。

※旧ブルマァク、セアーズの製品については資料が残っておらず、発売年や前後関係などは確実ではないこと、ご了承ください。

# 第2章 リアルタッチ編

1980年代中ごろ、ウルトラ怪獣消しゴムのメインは、チョコやラムネとセットになった食玩に移り変わる。そして1990年代後半には、廉価玩具も彩色フィギュアが中心となり、いわゆる消しゴムは姿を消していく。第2章では、食玩を中心に80年代～90年代の消しゴム系玩具を紹介。この時期は造形も本物志向で、より映像作品に近くなっている。掲載数、357体。

## 不二家　ウルトラ怪獣 第1弾

不二家といえば「ウルトラ怪獣大決戦」が有名だが、こちらはその前身に当たるシリーズ。資料によると1989年販売開始とあるが、実際にはその少し前（87～88頃）の登場と考えられる。上箱に消しゴム人形とカード、下にお菓子が入った食玩で、人形とカードでバトルゲームができるというコンセプト。定価は100円だった。

第1弾らしく、人気の怪獣がラインナップ。それまでの怪獣消しゴムとは異なり、細身のリアルタッチなデザインで、レッドキング、ゴモラなどの怪獣タイプは尻尾が別パーツで再現されている。なお、ウルトラマンとウルトラセブンの2種は、バンダイの「スペシャルコレクション」(P.33)と同じ造形。

下はパッケージ類。消しゴム人形などが入った上箱は、2種類が確認されている。

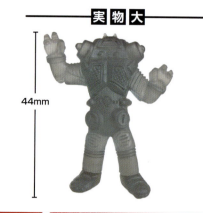
実物大　44mm

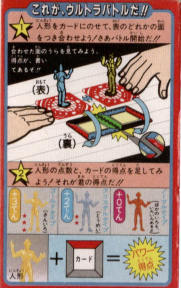

ウルトラマン

ウルトラセブン

バルタン星人

アントラー

レッドキング

ゴモラ

エレキング

キングジョー

ギエロン星獣

ベムスター

こちらが、消しゴムと一緒に入っていたウルトラ怪獣カード。

## 不二家　ウルトラ怪獣 第2弾

　1989年前後の発売。第1弾の流れを引き継いで、ジャックとエースが登場。怪獣はボリューム感があるものが増え、仕上がりが全体的に向上している。前弾同様、怪獣タイプの尻尾は別パーツになっている。

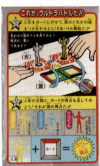

ウルトラマンジャック

ウルトラマンエース

ベムラー

ネロンガ

ジラース

イカルス星人

アーストロン

ツインテール

グドン

バキシム

## 不二家　ウルトラ怪獣 第3弾

　「ウルトラ怪獣」シリーズ最終弾。ラインナップも、前弾までの流れをくんで、ウルトラヒーローと人気怪獣が追加されている。

　本弾では一部のキャラに台座が付いている。この作りは、次ページから紹介していく「ウルトラ怪獣大決戦」とも共通。後継シリーズに発展・統合される形での終了だったのだろう。

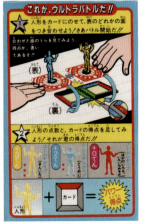

ウルトラマンタロウ

ウルトラマンレオ

リアルタッチ編

ペスター

ゼットン

ウインダム

サドラ

シーゴラス

ヒッポリト星人

アストロモンス

タイラント

## 不二家 ウルトラ怪獣大決戦 第1弾

不二家の怪獣消しゴムの中でも最も数が多く、有名なのが、「ウルトラ怪獣大決戦」シリーズ。全24弾にも及んだシリーズの最初を飾ったのがこの10種で、発売は1989年とされる。

同梱のカードやゲーム要素が無くなり、人形のサイズは一回り大きくなった。また、基本的には別パーツなしの一体成型になっている。さらに通しのNo.が刻印され、集める楽しみが増した点も見逃せない。

人形の造形もよりリアルになり、SD系のアイテムが多くなりつつある中、異彩を放つ本格的な食玩シリーズとなった。

ラインナップはウルトラマン4に怪獣6。この取り合わせは、以降も踏襲されていく。「飛行ポーズ」のウルトラマンが入っていることも、不二家のこのシリーズの特徴といえる。なお本シリーズについては、刻印No.順の掲載とした。

実物大 55mm

バルタン星人

ウルトラセブン

ウルトラマン

レッドキング

ガラモン

ゴドラ星人

ウルトラマン

ウルトラの父

## Column ウルトラ怪獣スペシャル

この「ウルトラ怪獣スペシャル」は、「怪獣大決戦」シリーズ第1弾の人形をまとめたセット商品。内容はシルバー成形の第1弾10種セットと、第5弾がチョコスナックごと1箱。さらに紙製のジオラマが付いてくる。

なお、「怪獣大決戦」シリーズの人形を使ったセット商品は、この1点しか販売されなかったようだ。

ゴモラ

キングジョー

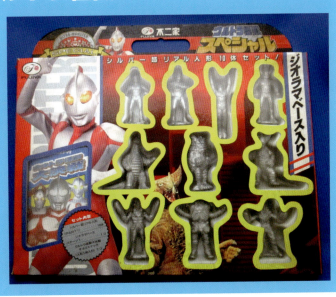

## 不二家 ウルトラ怪獣大決戦 第2弾

前弾から引き続き、飛行ウルトラヒーローや人気の怪獣たちがラインナップ入り。通しナンバーも、続きの「11」からのスタートしている。

ウルトラマンは出しおしみなく投入され、第2弾にして早くもタロウまでが登場。以降も、さまざまなポーズで人気のウルトラマンが作られていく。また、この弾のアイテムは、第19弾でも再販されている。

ウルトラマンジャック

ウルトラマンエース

ペガッサ星人

ブラックキング

ウルトラマンタロウ

ツインテール

ウルトラセブン

グドン

ギエロン星獣

ゼットン

一口メモ：ウルトラマンジャックの刻印は「帰ってきたウルトラマン」となっており、これはシリーズ内で全て共通。

## 不二家 ウルトラ怪獣大決戦 第3弾

通しナンバーの刻印は「31」からスタートしており、21〜30が欠番となっている。また、No.35のウルトラマンは、第1弾の原型を利用して、新規金型を作り直したものとみられる。

飛行ポーズを含むウルトラマン4種に、人気怪獣6種という構成を踏襲。なお、第3弾のアイテムは第21弾で再販されるが、その際、ベムスターのみ入らなかった。

ウルトラマンエース

イカルス星人

ダダ

ベムスター

ウルトラマン

ゾフィー

メフィラス星人

ウルトラマンレオ

エレキング

ボーグ星人

## 不二家 ウルトラ怪獣大決戦 第4弾

第4弾は1991年の販売。当時の新ヒーロー、ウルトラマングレートと、その怪獣1体（ギガザウルス）が入っている。

怪獣はメジャーなもの以外も採用されはじめている。これ以降は、めったに立体化されない怪獣たちが入った、バラエティに富んだラインナップが特徴となっていく。この弾のナース（円盤）も、そのひとつだ。

ウルトラマングレート

ガッツ星人

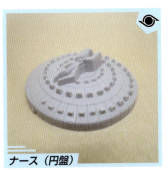
ナース（円盤）

ギガザウルス

ウルトラマンジャック

ウルトラマンキング

カネゴン

バキシム

メトロン星人

ウルトラマンタロウ

## 不二家　ウルトラ怪獣大決戦 第5弾

　アストラが登場。グレートからはゴーデスがラインナップ。また、ウルトラマンだけでなく、怪獣（レッドキング）にも2周目のアイテムが出てきている。

　特に面白いのはアンタレスが入ったことで、不二家の消しゴム全体でも唯一のレオ怪獣。なおゴーデスの背面は、大きく穴が開いた形になっている。これは、塩ビ素材の収縮によるゆがみを避けるためと考えられる。

アストラ

ウルトラセブン

ゴーデス（第2形態）

アンタレス

ジャミラ

ウルトラの父

ペスター

レッドキング

サドラ

ウルトラマングレート

ロロメモ：ゴーデス（第2形態）の刻印は「ゴーデス」のみ、サドラの刻印は旧呼称の「サドラー」となっている。

## 不二家　ウルトラ怪獣大決戦 第6弾

第6弾では、これまで毎回あった飛行ポーズの人形が無くなり、代わりに偽ヒーロー系の「にせウルトラマン」が投入されている。

怪獣枠がすべて初代ウルトラマンのキャラクターで占められているのも、この弾の特徴だろう。箱のバルタン星人は映画からだが、人形の造形は初代バルタン星人だ。

ウルトラマン80

ウルトラの母

ウルトラマン

ウルトラマンエース

にせウルトラマン

バルタン星人

ザラガス

ウー

ジラース

ザラブ星人

## 不二家　ウルトラ怪獣大決戦 第7弾

前弾に続いて偽ヒーローが投入され、飛行ポーズ枠も復活。その影響か、ウルトラマンはこれまでの4種から3種に減っている。怪獣はさまざまな番組から選ばれ、バリエーション豊か。

なおこの弾は、第18弾にて再販されている。

ウルトラマンレオ

ウルトラマングレート

リアルタッチ編

ニセ・ウルトラセブン

ゾフィー

シーボーズ

シーゴラス

ウインダム

エースキラー

アントラー

ドラコ

## 不二家　ウルトラ怪獣大決戦 第8弾

　第8弾では、成型色がメタリックカラーのみになった。さらにタロウ、アストラ、エースロボットの台座は別パーツ。飛行枠のウルトラマンは変身ポーズ風で、オマケとして防衛隊メカが付属するのも新しい試み。これらの工夫は、次弾以降にも引き継がれる。なおこの弾は、第22弾で再販されている。

―実物大―

├──21mm──┤

ウルトラマン

ジェットビートル

エースロボット

アストラ

ウルトラマンタロウ

テレスドン

ベムラー

バンドン

※ジェットビートルは、ウルトラマンの付属品。

リアルタッチ編

キーラ

ビラ星人

キングザウルス三世

## 不二家 ウルトラ怪獣大決戦 第9弾

第8弾を踏襲し、メタリックカラーで、一部の台座は別パーツ、変身ポーズにビークルのオマケ付きと豪華な内容。

しかし最大のトピックスはユリアンがラインアップされたこと。これは消しゴム玩具史上初で、他に例がない。これで当時の実写のウルトラマンは全員登場したことになる。また通しのナンバーも通算No.100となっている。

この弾は第17弾で再販されている。

ウルトラマンエース

タックスペース

ユリアン

ウルトラセブン

ウルトラマングレート

ネロンガ

ジェロニモン

ヒッポリト星人

ミクラス

アストロモンス

ナメゴン

※ウルトラマンエースと付属のタックスペースは、第17弾で再販されたときのもの。

## 不二家 ウルトラ怪獣大決戦 第10弾

この第10弾では、成形色がメタリックカラーから通常色に戻っている。ただし別パーツの台座や付属のビークルは健在。また、ウルトラマンキングのマントも別パーツで再現されている。

ポイントは飛行枠がウルトラマンではなく「飛行ベムスター」になっていること。非常にマニアックなチョイスだ。

※ベルシダーは、ウルトラマンの付属品。

ウルトラマンジャック

ウルトラマンタロウ

ウルトラマン

ベルシダー

ウルトラマンキング

恐竜戦車

ムルチ

ゼットン

巨大ヤプール

シラリー

ベムスター

人気怪獣のバリエーションとして非常に面白いのが、この飛行ベムスター。表裏とも、細かい作りになっている。

## 不二家 ウルトラ怪獣大決戦 第11弾

1993年頃の販売で、新ヒーローのパワードが早速登場している。怪獣もパワードのものが積極的に投入されているのはオンタイムの商品ならでは。なおパワード怪獣の刻印は、「パワード○○」のように頭に「パワード」が付いている。

この弾では、台座ではなく人形の一部を別パーツにしている。ウルトラマンは右腕が別パーツになっており、少し動かせる。チャンドラーの翼も別パーツで、再現性が高い。

ウルトラの父はウルトラアレイを持って登場。こちらは一体成型。

ウルトラマンパワード

ウルトラマンタロウ

スーパースワロー

ウルトラマン

ウルトラの父

バルタン星人

ケムラー

チャンドラー

ピグモン

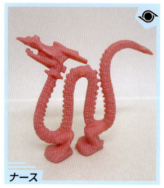
ナース

クール星人

※スーパースワローは、ウルトラマンタロウの付属品。

複数パーツの人形や、台座・オマケが付くものは、このような「ランナー付き」の状態で箱に入っている。愛好家の間では、この状態は「未切り」と呼ばれる。なお、画像はチャンドラーの未切り。

リアルタッチ編

## 不二家　ウルトラ怪獣大決戦 第12弾

　第12弾は引き続きパワードを中心としたラインナップ。セブンの左腕、レッドキングの尻尾、ゴモラの左足が別パーツ再現。飛行枠のパワードにはビークルが付属し、キングジョーは分体で、複数パーツで構成されたアイテムが多い。
　レオとアストラは、同時リリースらしく対になるようなポーズで作られている。

ウルトラマンレオ

アストラ

ウルトラセブン

ウルトラマンパワード

ストライクビートル

レッドキング（雄）

テレスドン

キングジョー（分体）

ダダ

ゴモラ

サイコバルタン星人

※ストライクビートルは、ウルトラマンパワードの付属品。

## 不二家　ウルトラ怪獣大決戦 第13弾

　引き続きパワードを中心にしたラインナップ。次弾も加えると、パワードの怪獣がほとんど揃う。一方、旧怪獣はリメイクのみのラインナップとなっている。
　今回のウルトラの父は、ウルトラキーを装備。さまざまな工夫で、バリエーションを増やそうとしていることが伺える。なお前弾で多かった別パーツは無くなり、すべて一体成型。

ウルトラマンパワード

ウルトラの父

リアルタッチ編

095

リアルタッチ編

ウルトラマングレート

ウルトラマンエース

アボラス

バニラ

ジャミラ

ガッツ星人

ゼットン

グドン

## 不二家　ウルトラ怪獣大決戦 第14弾

　1995年頃の販売で、新ヒーローのウルトラマンネオス、ウルトラセブン21が登場している。ネオスの怪獣、パワード怪獣のフォロー、旧怪獣も交え、変化に富んだラインナップである。

　特に注目したいのは、ポーズ付きのダダ。有名なスチールではなく、劇中のホンの一瞬を再現したマニアックなポージング。

ウルトラマンタロウ

ウルトラマングレート

ウルトラマンネオス

ウルトラセブン21

メフィラス星人

ダダ

ドラコ

ドレンゲラン

ペスター

ケムール人

## 不二家　ウルトラ怪獣大決戦 第15弾

　第15弾はウルトラマン生誕30周年（1996年）に合わせたアイテム。人形はウルトラマンのみで、すべてにビークルが付く。ちなみに、ゾフィーに付属するベルミダーⅡ世は、タロウに登場する地底戦車だ。

※各ビークルは、直前のウルトラマンの付属。

リアルタッチ編

ウルトラマン

ジェットビートル

ウルトラセブン

ウルトラホーク3号

ウルトラマンジャック

マットジャイロ

ウルトラマンエース

タックファルコン

ウルトラマンタロウ

スカイホエール

ウルトラマンレオ

マッキー2号

ウルトラマングレート

サルトプス1号

ウルトラマンパワード

スカイハンター

ゾフィー

ベルミダーⅡ世

ウルトラマン80

スカイハイヤー

097

## 不二家 ウルトラ怪獣大決戦 第16弾

第1弾から続いてきた通しナンバーの刻印は、この第16弾がラスト（全160種、最終No.170）となった。以降はしばらく、これまでの人形の再販が続くことになる。

ウルトラマン

ウルトラマングレート

ウルトラマンタロウ

ウルトラマンエース

ギャンゴ

ラゴン

アーストロン

ベロクロン

バルキー星人

アギラ

## 不二家 ウルトラ怪獣大決戦 第17弾

第17弾は第9弾の再販。第9弾はメタリックカラーのみだったが、再販ではクリアカラーやその他の色も多数投入されている。

## 不二家 ウルトラ怪獣大決戦 第18弾

第18弾は第7弾の再販。クリアカラーなどの素材が使われている点は、前弾と同様。

## 不二家　ウルトラ怪獣大決戦 第19弾

第19弾は第2弾の再販。第17弾から引き続き、クリアカラーなどが投入されている。

## 不二家　ウルトラ怪獣大決戦 第20弾

第20弾という節目にあたるアイテムで、ボックスには「限定版」と記載されている。内容もこれまでのシリーズとは異なり、「通しナンバーの無い人形」と「スタンプ兼台座」がセットになったもの。
全8種類の消しゴム人形部分は、これまでに販売されたものを改修して利用している（1～2弾、15弾）。また、スタンプが2種類確認されているキャラクターもいる。

53mm　実物大

ウルトラマン　ゾフィー　ウルトラセブン

ウルトラマンジャック　ウルトラマンエース　ウルトラマンタロウ　バルタン星人　キングジョー

## 不二家　ウルトラ怪獣大決戦 第21弾

第21弾は第3弾の再販。これまでのツヤのある素材から、ツヤのない物に変更されている。また第3弾のうちベムスター（No.34）は入っておらず、その代りに第12弾のウルトラセブン（No.123）が追加されている。

## 不二家　ウルトラ怪獣大決戦 第22弾

第22弾は第8弾の再販。今回も素材が変更され、さらにツヤの少ない、マットな質感の人形になっている。

## 不二家　ウルトラ怪獣大決戦 第23弾

第23弾では数々の仕様変更が入っており、シリーズ全体を仕切りなおしたようなかたち。まず上箱にウルトラマン型の窓が付き、そこから番号を見て好きなオマケを選んで購入できるようになった。人形は今までのものよりやや小さくなったが、造形は精緻でリアル。

また、クリア以外のアイテムはポリ製の人形にカラーの塗膜を貼った作りになっている。いわゆる「消しゴム」からはやや外れた素材だ。

パッケージは、ウルトラマン中心のものとウルトラセブン中心のもので2種類あった。

ウルトラマン

ウルトラマンジャック

ウルトラマンエース

ウルトラマンタロウ

バルタン星人

ウルトラセブン

キングジョー

ベムスター

バキシム

アストロモンス

## 不二家　ウルトラ怪獣大決戦 第24弾

約14年にわたって展開された、「怪獣大決戦」シリーズの最終弾。発売日の詳細は不明だが、シリーズ終了は2003年とされている。90年代後半から、小型の玩具や食玩も彩色された人形が中心になっていく中、2003年まで続いたのは人気の表れだろう。

第23弾と同様で、選択可能な仕様。これまで何度か登場したナースが、セブンとの組み合わせで登場している点も注目したい。

**実物大**

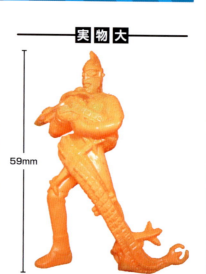
59mm

ウルトラマン

ウルトラセブン対ナース

リアルタッチ編

レッドキング

ギャンゴ

ドドンゴ

ゼットン

ウインダム

ゴドラ星人

ギエロン星獣

パンドン

## 不二家　ウルトラマン合体怪獣

不二家から「怪獣大決戦」と並行してリリースされたウルトラマン玩具のひとつ。

プラフレームにゴム製の頭や腕を付ける組み立て式の玩具で、パーツを入れ替えてオリジナルのヒーローや怪獣を作るという遊び方が提案されている。販売は1995年ごろ。

新旧織り交ぜたラインナップで、怪獣大決戦には無いザム星人も入っている。

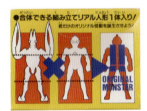

実物大

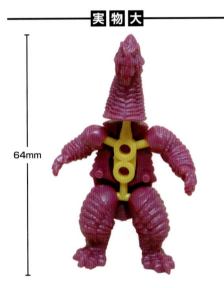
64mm

ウルトラマン

ウルトラマンネオス

ウルトラセブン21

メフィラス星人

改造パンドン

バルタン星人

レッドキング（雄）

ザム星人

## バンダイ 怪獣大百科 第1弾

1988年にバンダイから発売された食玩。価格は100円で、ラムネ菓子に5cmほどの消しゴム人形2個とカードが付属。消しゴムは組み立て方式で、ウルトラマンや宇宙人タイプは両腕が、怪獣タイプは尻尾が別パーツになっている。造形には消しゴム的なデフォルメが残り、ポピーのウルトラ怪獣消しゴムからの流れを感じさせる。

人形の組み合わせは固定で、選択可能な仕様。以下の写真は、2種セットごとに、ヒーロー優先で番組登場順に並べている。この第1弾の消しゴム人形は、翌1989年にカプセルトイでも販売されており、下はそのミニブック。

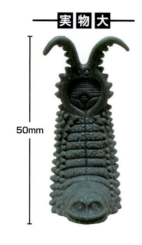
実物大 50mm

この時期のバンダイのウルトラマン食玩やソフビ人形には、このようなカードが封入されていた。

|  |  |  |  |
|---|---|---|---|
| ウルトラマン | ジラース | ウルトラセブン | イカルス星人 |
|  |  |  |  |
| ウルトラマンジャック | ツインテール | ウルトラマンエース | バキシム |
|  |  |  |  |
| ベムラー | レッドキング | バルタン星人 | ゴモラ |

   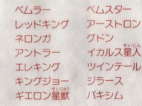

ネロンガ

アントラー

エレキング

キングジョー

ギエロン星獣

ベムスター

アーストロン

グドン

## バンダイ 怪獣大百科 第2弾

第1弾に続き1988年発売で、8セット16種。ただしその内8種は第1弾からの再販で、新作は8種類だった。

ウルトラマンは前弾からの続きで、タロウ・レオらが登場している。なお本弾のウルトラヒーローは以降の再販には入らず、この弾のみの販売となった。また、新規の怪獣は各ウルトラマンと対応するように選ばれている。なお、この弾のパッケージ裏面には、再販を含めた全ラインナップが記載されていた。

ウルトラマンタロウ

アストロモンス

ウルトラマンレオ

ガロン

ゾフィー

ゼットン

ウルトラの父

ヒッポリト星人

## バンダイ 怪獣大百科 第3弾

　1989年販売。6セット12種と数が減っているが、怪獣はすべて新規で8種が登場。その代り、ウルトラマン4種はすべて第1弾からの再販となっている。再販を含めたラインナップは以下の通り。
　①ウルトラマン（再販）＆メフィラス星人、②ギャンゴ＆シーボーズ、③ウルトラセブン（再販）＆ペガッサ星人、④ウインダム＆メトロン星人、⑤ウルトラマンジャック（再販）＆サドラ、⑥ウルトラマンエース（再販）＆ブラックキング。

メフィラス星人

ギャンゴ

シーボーズ

ペガッサ星人

ウインダム

メトロン星人

サドラ

ブラックキング

ロコメモ：サドラの刻印は旧呼称の「サドラー」となっている。

## バンダイ 怪獣大百科 第4弾

　第4弾は1989年販売。8セット16種が販売され、うち8種は第1弾からの再販。新規造形は8種類だった。
　ウルトラヒーローは、アニメ関連とユリアン以外が出そろった。怪獣についても、有名なものを一通りラインナップすることを重視したのか、セットのヒーローとは関係なく人気キャラクターが選ばれている。なお、パッケージには80の姿が無く、ジョーニアスの写真が使用されている。

ウルトラマン80

テレスドン

ウルトラの母

カネゴン

アストラ

ゴドラ星人

ウルトラマンキング

ガラモン

## バンダイ ウルトラマン大図鑑

　1996年発売。怪獣大百科の人形に新規造形を加え、18体入りセットが2種（上巻・下巻）、各500円で販売された。ウルトラマンは大百科第1弾からの再販と新規の4種。怪獣はネロンガ、アストロモンス、ガロン、シーボーズを除いた再販28種。
　ウルトラマンは、これまでのものよりやや細身の造形。すでに低価格玩具も彩色が主流の時代で、安価にたくさんの人形が入っているという点がポイントだった。

ウルトラマングレート

ウルトラマンパワード

ウルトラマンネオス

ウルトラセブン21

## バンダイ ビッグウルトラマン 第1弾

　1988年発売の大型消しゴム入り食玩。1体200円で、中身は選択可能。ウルトラマンは10cmほどもあり、肘にプラ製パーツが入った組み立て式の可動フィギュアになっている。怪獣は7〜8cmほどで、こちらも複数パーツに分かれており、長い尻尾などを再現。造形は当時のバンダイ製怪獣ソフビ人形に近く、迫力のある仕上がり。また、オマケとしてカードも付属。
　刻印には、「Ⓒ円谷プロ BANDAI 1988 JAPAN」と各キャラクター名が記載。販売年が刻印されているのは珍しい。

■実物大

110mm

ウルトラマン

ウルトラセブン

ウルトラマンジャック

ウルトラマンエース

バルタン星人

ネロンガ

レッドキング

ゴモラ

リアルタッチ編

エレキング

ベムスター

怪獣は重厚感のあるデザインのため、全高はウルトラマンよりも低くなっている。

## バンダイ ビッグウルトラマン 第2弾

刻印は第1弾と同じく「1988」となっているが、第2弾は1989年発売の模様。第1弾のウルトラマンの再販と、新規の怪獣6種で構成されている。このシリーズは第2弾で終了となったものの、その後も再販や彩色人形など、本シリーズの金型を使った商品が登場している。

ベムラー

アントラー

キングジョー

ギエロン星獣

アーストロン

グドン

## バンダイ ウルトラマンヒーロー

1992年発売。ビッグウルトラマンのウルトラマン4種に新造形の2種を加えたラインナップ。新規は、タロウと新ヒーローのグレート。カードが付かなくなったこと以外は、ほぼビッグウルトラマンと同様の仕様。再販分の刻印は1988のままだが、新規2種の刻印は1992となっている。

ウルトラマンタロウ

ウルトラマングレート

## バンダイ ウルトラマンヒーロー フィニッシュポーズシリーズ

前掲「ウルトラマンヒーロー」の人形をベースにした商品で、1993年発売。ウルトラマングレート以外の5種のラインナップで、腕のパーツが必殺技風に変更されている。

腕パーツは肘が別パーツとなっており、軸のプラパーツはクリア素材だ。本体パーツは変更されておらず、刻印の年表記も「ウルトラマンヒーロー」と同様。

ウルトラマン

ウルトラセブン

ウルトラマンジャック

ウルトラマンエース

ウルトラマンタロウ

## バンダイ ウルトラマンパワード（販促品）

ウルトラマンパワードのビデオソフトの販促で、玩具店やビデオ店などで配布された非売品アイテム。人形そのものは、ユタカから販売されていた彩色人形セットの無彩色版。

大きさはまちまちで、小さいものは30mm、大きいものは70mmほどある。基本的に一体成型だが、ガボラのみ頭部が別パーツになっている。なお刻印は「©円谷プロ B.」で、キャラクター名は無い。

### 実物大

31mm / 73mm

同じ原型による彩色人形セット。販売はユタカ。

ウルトラマンパワード

ウルトラマンパワード

スカイハンター

ストライクビートル

リアルタッチ編

バルタン星人

ケムラー

レッドキング（雄）

レッドキング（雌）

チャンドラー

ピグモン

テレスドン

ガボラ

## バンダイ ウルトラマンバトルゾーン

　1996年発売の食玩。電子音が出るジオラマベースと、消しゴム人形2体が付いて、ひとつ300円。このころには彩色人形が主流になっており、無彩色の消しゴム人形を使った商品はかなり珍しい。同時期、ソフビ人形を採用したサウンドジオラマ玩具が、同じく「ウルトラマンバトルゾーン」として販売されており、その食玩版として企画されたと考えられる。

　刻印は「Ⓒ円谷プロ B.」のみ。パッケージに番号が記載されているため、掲載順はそれに従った。

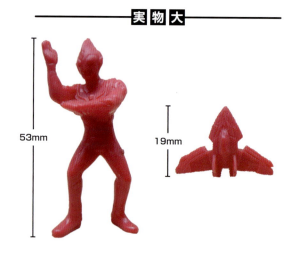

― 実物大 ―

53mm　19mm

ウルトラマンティガ

ガッツウィング1号

ウルトラマンティガ

キリエロイド

ウルトラマンゼアス

スカイフィッシュ

ウルトラマン

小型ビートル

リアルタッチ編

ウルトラセブン

ゴドラ星人

電子音が出るジオラマベースにシールを貼り、人形を配置して遊ぶ。ジオラマベースは繋げられる仕様になっており、集める楽しさもあった。

## バンダイ ウルトラサウンドバトル

　ウルトラマンバトルゾーンに続く、電子音ジオラマ付きシリーズ。セット内容などはほぼ同様で、価格も同じく300円。ただし本弾では、セットすべてにウルトラマンと怪獣が入り、より豪華なイメージになっている。また消しゴム人形の色は、ウルトラマンバトルゾーンよりややツヤがあり、明るい。

ウルトラマンティガ

スタンデル星人アボルバス

ウルトラマンゼアス

ウルトラマンシャドー

ウルトラセブン

キングジョー

ウルトラマン

バルタン星人

ウルトラマンティガ

キリエロイドⅡ

リアルタッチ編

## バンダイ ウルトラダイナミックバトル

電子音ジオラマ付き食玩の第3弾。おおまかな仕様は共通だが、人形はやや小さく、ジオラマも少し狭くなった。ウルトラマンダイナのオンタイム期で、同作のキャラクターが豊富。ダイナとその怪獣の無彩色玩具は少なく、貴重と言える。

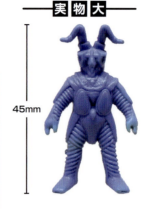
実物大
45mm

ウルトラマンダイナ フラッシュタイプ

グラレーン

ウルトラマンダイナ ストロングタイプ

シルドロン

ウルトラマンダイナ ミラクルタイプ

ガッツイーグルα号

ウルトラマンティガ マルチタイプ

イーヴィルティガ

ウルトラマン

ゼットン

## バンダイ カラーチェンジウルトラマン

ウルトラマンティガ放送時の食玩で、価格は500円。ティガ2体のうち1体は温度で色が変わる素材でできており、温めるとパワータイプに変わる。
ここで扱うのは、付属品として封入されている無彩色消しゴム人形のビークル類。なお同時期、このビークルに彩色を施したものがユタカから販売されていた。

ガッツウイング1号

ガッツウイング2号

シャーロック

# 第3章 ディフォルメ編

1980年代前半から、本物志向・リアルタッチの路線とは別に、親しみやすくかわいくデザインされた玩具が人気を集めるようになる。ここではそんなスーパーディフォルメ系のウルトラ怪獣消しゴムを中心に掲載。また1993年から展開された「超闘士激伝」「超闘士鎧伝」関連のアイテムも、この章に収録している。掲載数、526体。

## タカラ ウルトラマンキッズ

ウルトラマンキッズは、ウルトラマンを元にしたディフォルメキャラクターライン。幼年誌への連載や、グッズ、アニメなどで展開され、80年代前半から90年代前半にかけて人気を集めた。2000年代に入ってもグッズ販売があり、非常に息が長い。

こちらはタカラの消しゴム人形で、展開は1984年前後。セット商品（販売はパープル社）や食玩（販売はナガサキヤ）もあり、販路は豊富だった。

右の写真はフックトイの例。下のミニブックはカプセルトイ用と考えられるが、詳細は分かっていない。サイズはまちまちで、基本的には45mmほど。タッコンとその弟はセットで、弟は10mmにも満たない最小の怪獣消しゴムだ。

［ロメモ］：「ジョー」は絵本などに登場したキャラクターで、後の映像作品の同系キャラ「ジョッキン」とは異なる。

― 実物大 ―

50mm

マー

セブ

ルーキィ

ター

ピコ

ミドリ

バル

メフィラ

エレピー

ジョー

タッコン

タッコン（弟）

ピグコ

© Tsuburaya Productions ウ34

## トミー　ウルトラマンキッズ

　ウルトラマンキッズの消しゴム人形は、1989年～1990年頃に、トミーからも展開された。右の写真はカプセルトイの台紙、下はミニブック。台紙のロゴマークなどから、製造はウィルビィ、発売はユージンだったと考えられる。またこの人形は、カプセルトイ以外にも、玩具の付属品などで使われていた。

　タカラのウルトラマンキッズと比べても、さらにコミカルさを前面に出した造形が印象的。

底面には、このように穴が開けられている。

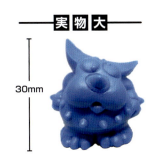

実物大　30mm

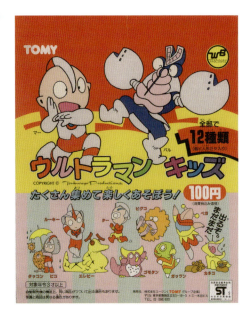

マー

ルーキィ

ター

ピコ

バル

ゴモタン

エレピー

ペガ

ガッツン

タッコン

カネコ

ピグコ

## バンダイ ちゃ卵ぽ卵

卵から恐竜や動物への変形するヒット玩具「タマゴラス」（バンダイ）。このシリーズから派生した同型の玩具シリーズが「ちゃ卵ぽ卵」だ。

ちゃ卵ぽ卵では、5種類のウルトラマンパロディーキャラクターが登場しており、それぞれに消しゴム人形が付属。ここではそのオマケの方を紹介していく。オマケの消しゴムは赤または黒の成形色で、2cmほどとかなり小さな人形になっている。

※名称は、玩具の名称に従った。

実物大 21mm

ウルトンマン

ムシコロバルタン

レッツキング

オゼットン

エレーキング

## バンダイ SDウルトラマン PART-1

SDガンダム（ガシャポン戦士）など、SD系キャラクターの消しゴム人形の好評を受け、1987年に販売されたウルトラマンのSD消しゴム。仕様も他のSD系のアイテムと同等で、人形2体、ミニブックにシール1枚がカプセルに封入され、100円で販売された。

ラインナップは全23種。ウルトラヒーローがメインで、当時のほとんどのウルトラマンをフォロー。怪獣はややマイナーなものが多めで、初代ウルトラマンの怪獣が含まれていないところが珍しい。

実物大 35mm

付属のシールのひとつ。第1弾にはウルトラヒーローのほか、次弾予告のように、セブン怪獣のシールも封入されていた。

# バンダイ SDウルトラマン PART-2 ウルトラセブン編

第2弾は1987年発売。セブン編として、番組前半の怪獣を中心とした14種がラインナップ入りしている。前弾はイラストを比較的忠実だったが、本弾ではさらにディフォルメが強くなった印象。セブンのアイスラッガーは脱着可能で手に持たせられたり、ピット星人は2体一組で立体化されていたり、こだわりのギミックも取り入れらた。

ギラドラスとシャドー星人は初めての消しゴム化で、当時は貴重なアイテムだった（後にアンティッQでも登場している）。

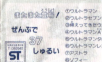

ウルトラセブン

ウインダム

ミクラス

ピット星人

ゴドラ星人

ビラ星人

ペガッサ星人

メトロン星人

キングジョー

ユートム

ギラドラス

シャドー星人

ボーグ星人

ガッツ星人

アイスラッガーが着脱できる消しゴム人形は、このSDウルトラマンが初めてだった。

## バンダイ SDウルトラマン PART-3 帰ってきたウルトラマン編

PART-3は帰ってきたウルトラマン編で、同じく1987年発売。帰ってきたウルトラマンの人気怪獣と、ややマイナーな怪獣で構成されている。

PART-1でラインナップされたツインテールに対してグドンを投入するなど、コンビの怪獣を積極的に投入しているのが印象的。残念ながらこのPART-3で最終弾で、バルタン星人やレッドキングなど初代の怪獣がいない、珍しいラインとなってしまった。

ウルトラマンジャック

タッコング

サドラ

キングザウルス三世

グドン

シーゴラス

シーモンス

ベムスター

ムルチ

ブラックキング

ナックル星人

コダイゴン

ヤメタランス

ササヒラー

刻印は、「©円谷プロ B.」となっている。こちらは、ヤメタランスの背面。

※ムルチとナックル星人の写真は、「ウルトラマン倶楽部 スーパーセレクション」で投入された新色のものを使用した。

ディフォルメ編

## バンダイ ウルトラマン倶楽部 スーパーセレクション

　1991年に登場した、SDウルトラマンの復刻版。ラインナップはPART-1の怪獣以外の41種で、クリア素材に変更されている。新規アイテムは無く、2体で100円と販売価格も本弾と同様（シールは付属しない）。

　前項に掲載したムルチとナックル星人はこの復刻版のクリア素材で、透明感・高級感がある見た目だ。

## バンダイ ウルトラマン倶楽部 ウルトラファイティング

　SDウルトラマン改め「ウルトラマン倶楽部」の新規ラインで、1989年発売。やや等身が上がり、ウルトラマンと怪獣が固定のセットで10組20体＋限定版のビークル3種が販売された。

　ヒーローと怪獣を組み合わせて、名場面を再現するというコンセプト。すばらしい内容だが、本ラインナップでほぼやり尽したためか、続編は作られていない。後に食玩で再販売され、ユタカからは彩色版が登場。この彩色版がヒットし、シリーズ化された。なお紹介順は、ミニブック記載のセット順とした。

実物大　37mm

このように、2体セットで名場面・名バトルを再現できる仕様。

ウルトラホーク1号は分離・合体できる仕様で、3機セット。ジェットビートルとマットアロー1号は2機セット。

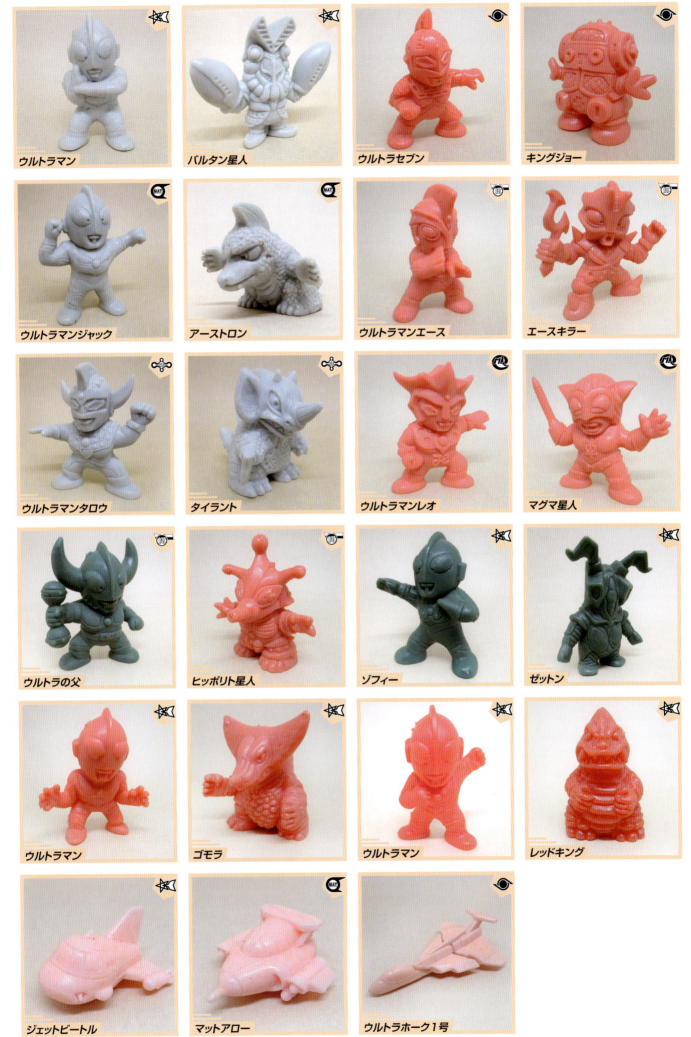

## バンダイ ウルトラマン倶楽部 ウルトラジャンプ

1989年に、ウルトラマン倶楽部のひとつとして発売。細めの造形だったウルトラファイティングとは異なり、それまでのSDウルトラマンに近いつくり。

人形を吸盤&バネ付きの台座にセットしてジャンプさせるというギミックがウリ。1カプセル100円で、1体入りだった。

ギミックものということもあって続編は出ていないが、人形は後にボードゲームの駒に使われている。掲載写真のうち、ミントグリーンのものはボードゲームに封入されていたものを使用した。

**実物大** 38mm

ウルトラマン

ウルトラセブン

ウルトラマンジャック

ウルトラマンエース

ウルトラマンタロウ

バルタン星人

シーボーズ

ゼットン

メトロン星人

ベムスター

このように、ジャンプ台にセットして飛行やジャンプを楽しめる。

# バンダイ ウルトラマン倶楽部 ガシャポンBIG

「ガシャポンBIG」は1992年発売の大型ガシャポン。直径15cmほどの大型カプセルに、10cm強のSDソフビ、大きなミニブック、2cmほどの小さい怪獣消しゴム10個が入るという豪華仕様。中身に応じて価格もビッグで、1,000円の販売。ウルトラマンショップなどでの限定販売だったと思われ、ミニブックはカラーコピーのような印刷。また、流通量は非常に少ない。

ここで紹介するのはメインのソフビではなく、オマケの消しゴム人形のほう。1カプセルに彩色されたヒーローが必ず1体入り、そのほかに怪獣9体がランダムで入っていた。なお彩色ヒーローの種類は、店舗などで異なったようだ。掲載したミニブックにはセブンやタロウの記載がないが、内容が変更されたミニブックも存在する。

怪獣にはデータが刻印された札が付いており、成型色は黒のみ。後年、バンプレストから再販されており、クリアブルーの人形はこの再販時のもの。

実物大
19mm

大きなカプセルに、ソフビと消しゴム10個が封入されていた。

ウルトラマン

ウルトラセブン

ウルトラマンタロウ

ペギラ

カネゴン

ケムール人

ベムラー

バルタン星人

ネロンガ

アントラー

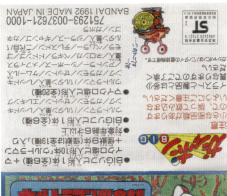

ディフォルメ編

ディフォルメ編

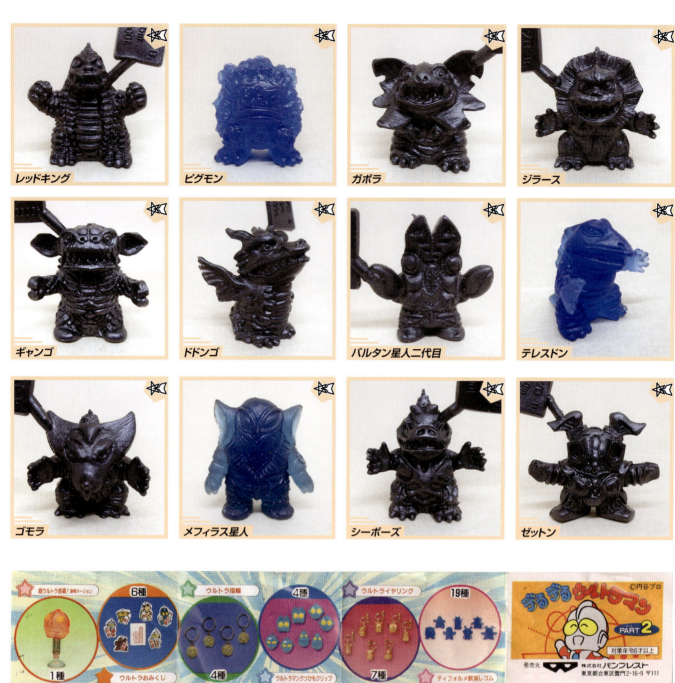

| レッドキング | ピグモン | ガボラ | ジラース |
| ギャンゴ | ドドンゴ | バルタン星人二代目 | テレスドン |
| ゴモラ | メフィラス星人 | シーボーズ | ゼットン |

ガシャポンBIGの怪獣消しゴムは、1993年にバンプレストの幼児向け可動筐体（ムーバー）「でるでるウルトラマン」の景品としても利用された。こちらは、その際のミニブック。

また、「でるでるウルトラマン」の第1弾では、ブーム期の怪獣消しゴムもめんことセットで景品になっていた。こちらはポピー「ウルトラ怪獣消しゴム」（11ページ掲載）が封入された例。このほか、丸越「ウルトラマンシリーズNo.5」（49ページ掲載）の小サイズも使用されていた。

## バンダイ ウルトラマン怪獣大図鑑

　1996年発売のカプセルトイ。2cmほどのサイズでデータ記載のフダが付くなど、前項のガシャポンBIGと共通点が多いシリーズ。
　5体セットでランナーで繋がった状態で封入されており、1カプセル100円。怪獣は各ウルトラマンの1話のものが多く、セブンまでがメインだが、新しいシリーズもフォローしている。コレクションボックスのプレゼントキャンペーンも行われ、集めて楽しむという要素を重視していたことが伺える。
　紹介は、ミニブック記載のナンバー順とした。

実物大　21mm

ウルトラマン

ベムラー

バルタン星人

ネロンガ

ラゴン

グリーンモンス

ゲスラ

アントラー

ウルトラセブン

クール星人

ウインダム

ワイアール星人

ミクラス

ディフォルメ編

ディフォルメ編

エレキング

ウルトラマンジャック

アーストロン

ザザーン

タッコング

ウルトラマンエース

ベロクロン

カメレキング

ウルトラマンネオス

ウルトラセブン21

ザム星人

ドレンゲラン

## バンダイ ウルトラマン怪獣大図鑑2

　1996年発売の第2弾。1カプセル5体の全25体など、仕様やサイズは前弾同様。今回もコレクションボックスのプレゼントを行っている。
　ヒーローには、タロウとレオ、そしてパワードが追加。怪獣は、前弾の続きを意識したラインナップになっている。ただしタロウ怪獣は登場順ではなく、ムカデンダーが選ばれた。しかもこれが、シリーズ唯一の分割パーツ仕様。非常にマニアックで面白いチョイスだ。紹介は、前弾と同じくミニブックのナンバー順。

ウルトラマン

ピグモン

レッドキング

チャンドラー

消しゴム人形5体が、ランナーで繋がった状態でカプセルに封入されていた。

## バンダイ　サンシャインウルトラマン

1995年発売のカプセルトイで、2体1組が100円。ラインナップは6組12種。日光で色が変わるギミック玩具になっており、ウルトラマンのほか、ゴジラやガメラのシリーズも作られた。すでにガシャポンHGシリーズなど彩色玩具が人気を集めており、無彩色の消しゴムは珍しくなっていた時期のアイテムだ。

造形は初期のSDウルトラマンに近く、ラインナップも当時販売されなかったものが中心。一部キャラでは別パーツが使われており、プレイバリューだけでなく再現性も考慮されている。なお、掲載写真はセットごとに並べている。

**実物大**　31mm

ウルトラマンパワード

バルタン星人

ウルトラマングレート

ゴーデス（第二形態）

ウルトラマン

ベムラー

ウルトラセブン

イカルス星人

ウルトラマンジャック

アーストロン

ウルトラマンタロウ

アストロモンス

ディフォルメ編

126

## バンダイ ウルトラマンクラブ

ここからはバンダイのSD系アイテムのうち、食玩として販売されたものを順番に紹介。食玩では多くのアイテムが「ウルトラマンクラブ」の名称で販売されており、こちらはジオラマ付きの食玩オリジナル造形のアイテム。発売は1990年。

ジオラマパーツとフィギュア1体が付いて100円。特撮ジオラマと銘打たれているのがポイント。ジオラマに自由に配置するタイプと、ジオラマを背景にて飛行ポーズなどを楽しめるタイプが存在。飛行タイプは他のSD系消しゴムにはない独特なアイテムだ。武器などが別パーツで再現されたものも多く、プレイバリューは非常に高い。

実物大 36mm

ウルトラマン

ウルトラセブン

ウルトラマンジャック

ウルトラマンエース

ウルトラマンタロウ

ウルトラマンレオ

ウルトラマンキング

バルタン星人

シーボーズ

ギエロン星獣

飛行タイプの配置例。ジオラマをバックに飛んでいるようにレイアウトでき、劇中のような雰囲気が楽しめる。

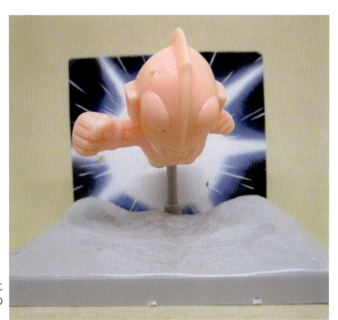

## バンダイ グミメイト ウルトラマン倶楽部

1990年発売のやや変則的な食玩で、プラスチック製で中が空洞になっている人形（兼キーホルダー）と、その中に入る消しゴム人形がセットとなっている。いわゆる怪獣消しゴムからはやや外れたアイテムだ。

消しゴムは、外側のプラ製人形がウルトラマンなら隊員、怪獣なら骨格という凝った仕掛け。さらに、カードも付属している。

ウルトラマンタロウに付属していたカード。タロウと東光太郎が描かれている。

ウルトラマン

ハヤタ隊員

ウルトラセブン

モロボシ・ダン隊員

ウルトラマンタロウ

東光太郎隊員

レッドキング

レッドキング（骨格）

ゴモラ

ゴモラ（骨格）

## バンダイ ウルトラマンクラブ（マスク）

　こちらは1991年発売の食玩。ウルトラマンのマスク（ビニール製）を外すと、中から隊員が顔を出すというギミック玩具。同種のギミックアイテムは、仮面ライダー倶楽部の食玩にもあった。
　ウルトラマン1体＋怪獣1体にカードが付いて100円。組み合わせはランダムだった。
　ご覧のように隊員の顔はそっくり。怪獣もシャープで、造形は見事。

実物大 40mm

実物大 25mm

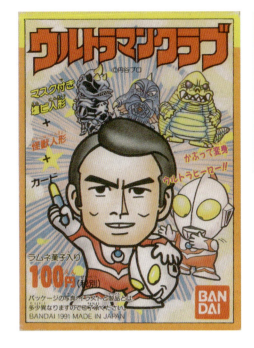

ディフォルメ編

ウルトラマン

ハヤタ隊員

ウルトラセブン

モロボシ・ダン隊員

ウルトラマンエース

北斗星司隊員

ウルトラの母

みどりのおばさん

ウルトラマンレオ

おおとりゲン隊員

バルタン星人

レッドキング

ジラース

ゴモラ

シーボーズ

キングジョー

ディフォルメ編

ベムスター

エースキラー

タイラント

マグマ星人

## バンダイ ウルトラマン倶楽部 とんとんバトル

1991年発売の食玩で、まわしをつけたウルトラマンのSD人形2体と、プラ製の土俵がセットになっている。ウルトラマンとタロウ、またはセブンとエースのセットが選択可能で、価格は200円。

怪獣消しゴムをとんとん相撲に使うという遊び方は当時一般的だったが、「とんとん相撲用の人形」としては初のアイテムだった。

なお同様の食玩は、仮面ライダーでも販売された。また関連は不明ながら、前年にあたる1990年に、ファミコンゲーム「SDバトル大相撲 平成ヒーロー場所」が発売されている。

実物大

31mm

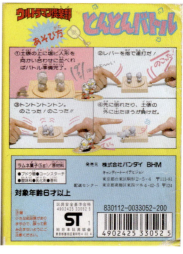

ウルトラマン

ウルトラセブン

ウルトラマンエース

ウルトラマンタロウ

## Column さまざまなウルトラマンクラブ

ウルトラマンクラブ（倶楽部）は、本書で取り上げたもの以外にも発売されている。そのうち一部について紹介していこう。

1990年発売。人形は「SDウルトラマン PART-1」のウルトラマン8種。人形1体とジオラマで100円。

左記アイテムの、ショップ告知用チラシ。

1992年発売。人形は、「ウルトラファイティング」のもの2体組。箱を利用してジオラマにできる仕組み。

128ページに掲載した「グミメイト ウルトラマン倶楽部」のショップ告知用チラシ。

ロコメモ：ウルトラマンのまわしには「富士」、セブンのまわしには「鷹」、エースのまわしには「茄子」が描かれている。

## バンダイ ウルトラマン超闘士激伝 PART1

「ウルトラマン超闘士激伝」は1993年開始のメディアミックス企画で、漫画、カードダスにガシャポン、ソフビやゲーム、OVAなど約4年にわたって継続。2014年からは、「新章」としてさらなる展開を見せた。その消しゴム人形の第1弾がこちら。

塩ビのウルトラマンがプラ製の鎧を身に付けるギミックがウリ。第1弾の時点では一部のみだが、好評を受けて数を増やしていく。鎧付きは1カプセル1体、その他は2体入りで100円。また、ゲーム用サイコロが1個付属。後に食玩でも販売されるが、その際テンペラー星人とピグモンは除外された。

刻印は「©円谷プロ B.」とパワー値が記載され、前述のサイコロで対戦が楽しめる。順番やキャラ名の表記はミニブックに準拠し、鎧を装着した姿と素体、両方の写真を掲載する。

※「超闘士」シリーズのキャラクター名の表記は、ミニブックに準拠した。

―実物大―

41mm

ディフォルメ編

闘士ウルトラマン

闘士ウルトラマン（素体）

ウルトラマン

ウルトラセブン

ゾフィー

ウルトラマンタロウ

謎の格闘家

メフィラス星人

メフィラス星人（素体）

バルタン星人

武装ゴモラ

武装ゴモラ（素体）

ゼットン

テンペラー星人

ピグモン

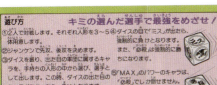

## バンダイ ウルトラマン超闘士激伝 PART2

第2弾はメフィラス大魔王編の終了までの内容。鎧付きが5体に増え、内4体はメフィラス大魔王の手下で「鋼魔四天王」と呼ばれる宇宙人。前弾に登場しなかったヒーローも投入され、一通りのキャラが出そろった。

ミニブックは仕様変更され、カードダスファイルに入れられるようになっている。この弾も後に食玩として販売されている。

超闘士激伝シリーズに付属していたバトルキューブ。プラ製の組み立て式サイコロで、人形と合わせて対戦ゲームが可能。第4弾、第8弾で絵柄が変更された。

闘士ウルトラマン

闘士ウルトラセブン

闘士ウルトラセブン（素体）

ウルトラマンJ

ウルトラマンA

ウルトラマンレオ

アストラ

ハイパーゼットン

闘士バルタン星人

闘士バルタン星人（素体）

闘士ダダ

闘士ダダ（素体）

闘士ザラブ星人

闘士ザラブ星人（素体）

闘士ケムール人

闘士ケムール人（素体）

カネゴン

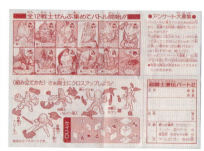

ロコメモ：ここに掲載したハイパーゼットンは、後の「ウルトラマンサーガ」などに登場した怪獣とは別キャラクター。

# バンダイ ウルトラマン超闘士激伝 PART3

第3弾はヤプール編の序章に当たる第2回銀河最強武闘会からの内容。新たな闘士がウルトラマンと怪獣双方に登場している。怪獣のほとんどが人気キャラで占められているのは、本シリーズとしては珍しい。

この弾あたりから作風が固まり始め、以降の造形の基礎的な部分が完成されていく。

ディフォルメ編

闘士ウルトラマン

闘士ウルトラマン（素体）

闘士ウルトラセブン

闘士ウルトラセブン（素体）

闘士ウルトラマンJ

闘士ウルトラマンJ（素体）

闘士ウルトラマンA

闘士ウルトラマンA（素体）

闘士ウルトラマンタロウ

闘士ウルトラマンタロウ（素体）

ウルトラマンキング

メフィラス大魔王

メフィラス大魔王（素体）

エースキラー

闘士バキシム

闘士バキシム（素体）

闘士ベムスター

闘士ベムスター（素体）

闘士エレキング

闘士エレキング（素体）

武装カネゴン

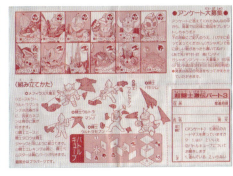

# バンダイ ウルトラマン超闘士激伝 PART4

第4弾は第2回銀河最強武闘会からヤプールとの戦争の序盤まで。闘士のウルトラマンや怪獣や、中ボスに相当するハイパーマザロン、ボスのヤプールなどがラインナップされている。

また、新機軸のホークウェポンや、組み合わせ可能な怪獣など、プレイバリューを重視したアイテムも登場しはじめている。激伝には数々の奇抜で魅力的なアイデアが詰め込まれており、それが長く人気を保った要因なのだろう。

「超獣戦車」ことアリブンタに、ギロン人を搭乗させられる。激伝には、こうした魅力的なアイデアが多数詰め込まれた。

闘士ウルトラマン

闘士ウルトラマン(素体)

闘士ウルトラセブン&ホークウェポン1号

闘士ウルトラセブン(素体)

ホークウェポン1号

闘士ウルトラマンT

闘士ウルトラマンT(素体)

闘士ウルトラマンレオ

闘士ウルトラマンレオ(素体)

闘士アストラ

闘士アストラ(素体)

ウルトラマンG(グレート)

闘士レッドキング

闘士レッドキング(素体)

闘士ゴモラ

闘士ゴモラ(素体)

ヤプール

ヤプール(素体)

ハイパーマザロン

ギロン人

アリブンタ

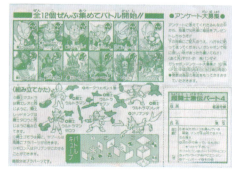

# バンダイ ウルトラマン超闘士激伝 ベストセレクション

1994年発売で、これまでに登場した人気キャラクターで構成されている。こうした商品では再販アイテムが使われるのが一般的だが、本弾はすべて新規造形のリニューアル。

全キャラがプラパーツ付きのクロス仕様で、ベストというにふさわしい豪華なラインナップだ。

闘士ウルトラマン

闘士ウルトラマン（素体）

闘士ウルトラセブン

闘士ウルトラセブン（素体）

闘士ウルトラマンJ

闘士ウルトラマンJ（素体）

闘士ウルトラマンA

闘士ウルトラマンA（素体）

闘士ウルトラマンT

闘士ウルトラマンT（素体）

闘士ウルトラマン旧

闘士ウルトラマン旧（素体）

闘士レッドキング

闘士レッドキング（素体）

闘士ゴモラ

闘士ゴモラ（素体）

闘士エレキング

闘士エレキング（素体）

闘士ベムスター

闘士ベムスター（素体）

闘士バキシム

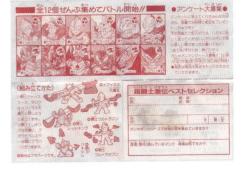

ディフォルメ編

135

ディフォルメ編

闘士バキシム（素体）

メフィラス大魔王

メフィラス大魔王（素体）

## バンダイ ウルトラマン超闘士激伝 PART5

ヤプール編全般からのチョイス。第4弾に続いてプレイバリューを重視し、ホークウェポンや騎乗可能なブロッケン、換装パーツが豊富な宇宙ビートルGなどが盛り込まれた。

また、闘士ウルトラマンJはニセモノで、その正体はアンチラ星人。激伝のこの設定は、ウルトラマンエースの10話が元ネタになっている。

ヤプールコマンドをブロッケンに乗せた状態。

闘士ウルトラマン

闘士ウルトラマン（素体）

ウルトラマン

闘士ウルトラセブン&ホークウェポン2号

ホークウェポン2号

ウルトラの父

メフィラス大魔王

メフィラス大魔王（素体）

宇宙ビートル G

宇宙ビートルG（換装）

ヤプール

ヤプールコマンド

ブロッケン

ベロクロン

ブラックピジョン

闘士ウルトラマンJ

闘士ウルトラマンJ（素体）

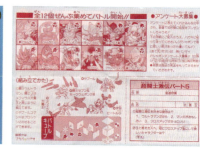

# バンダイ ウルトラマン超闘士激伝 PART6

　ヤプール編中盤〜後半。敵の超獣が多くラインナップされ、あまり立体化の機会に恵まれないものが積極的に投入されている。

　プレイバリューの工夫も多岐にわたる。連続でラインナップされているホークウェポンは、ラストの3号が登場。タロウはウルトラホーンの入れ替えで超闘士形態を再現。また、超獣武器庫ことバラバの武器は他の超獣に持たせることが可能。

## ディフォルメ編

ウルトラマン

ウルトラマン（素体）

闘士ウルトラセブン&ホークウェポン3号

ホークウェポン3号

闘士ウルトラマンA

闘士ウルトラマンA（素体）

闘士ウルトラマンT

闘士ウルトラマンT（素体）

メフィラス大魔王

メフィラス大魔王（素体）

エースキラーR

エースキラーR（素体）

闘士ゼットン

闘士ゼットン（素体）

ヤプール

バラバ

バラバ（素体）

カメレキング

ドラゴリー

ガマス

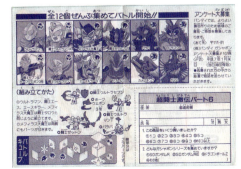

## バンダイ ウルトラマン超闘士激伝 PART7

5弾にもわたって展開されたヤプール編のラスト。ヤプールとの最終決戦のメンバーをメインに構成されている。
ジャンボキングは背中が別パーツになっており、ハイパーマザロンの上半身と換装可能。また、ビルガモとバルタン星人Jr.はセットとなっている。

闘士ウルトラマン

闘士ウルトラマン（素体）

フルアーマー闘士セブン

フルアーマー闘士セブン（素体）

闘士ウルトラマンT

闘士ウルトラマンT（素体）

ウルトラの父

ウルトラの父（素体）

ゾフィー

ゾフィー（素体）

メフィラス大魔王

メフィラス大魔王（素体）

闘士ゼットン

闘士ゼットン（素体）

ビルガモ

バルタン星人Jr.

ヤプール

ハイパーマザロン

ジャンボキング

スフィンクス

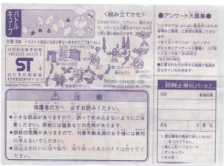

ジャンボキングとハイパーマザロンは合体可能。

# バンダイ ウルトラマン超闘士激伝 PART8

　新展開のゴーデス編。新装備付きのウルトラ戦士、新戦士のパワードとその一門（バルタン星人、レッドキング）、そして新しい敵ゴーデスと、内容は濃い。一方で大会放送クルーや、ゴモラのかつての仲間など、マニアックな部分も。
　タイラントの武器は、第6弾のバラバと同じく、別の怪獣（ドロボン）に持たせられる仕様。なお、ビーコンと放送席はセットだった

ディフォルメ編

一口メモ：放送席に座っているのは「ブタニー博士」と「万丈アナウンサー」で、「ウルトラQ」の一の谷博士と万城目を元ネタにしたキャラクター。

闘士ウルトラマン

闘士ウルトラマン（素体）

闘士ウルトラマンT

闘士ウルトラマンT（素体）

ゾフィー

ウルトラマンパワード

ウルトラマンパワード（素体）

パワードバルタン星人

パワードバルタン星人（素体）

パワードレッドキング

パワードレッドキング（素体）

ビーコン

放送席

タイラント

アストロモンス

ドロボン

仮面騎士

仮面騎士（素体）

ウルトラマンG

ウルトラマングレート（素体）

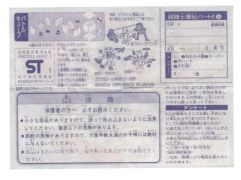

139

## バンダイ ウルトラマン超闘士激伝 PART9

引き続きゴーデス編。ジョーニアスと80が参戦し、この段階での主役ウルトラマンが全員登場したかたちに。ゴーデスの鎧に支配された怪獣たちやピッコロ王子の登場など、新展開満載。

この弾から一部クロスパーツがメッキ仕様となり、これらは重装鉄鋼（ダブルブレスト）と呼ばれる。ゴーデス怪獣の鎧は邪生鋼（エビルブレスト）で、着込んだ怪獣を支配する。なお邪生鋼のモチーフはウルトラマンG登場の怪獣だ。

［ロメモ］：UF-0は「ウルトラマンG」で登場した怪獣だが、玩具はこの超闘士激伝のもののみ。非常に貴重なアイテムと言える。

ファイター 闘士ウルトラマン

ファイター 闘士ウルトラマン（素体）

ウルトラマンパワード

ファイター 闘士ジョーニアス

ファイター 闘士ジョーニアス（素体）

ファイター 闘士80

ファイター 闘士80（素体）

ピッコロ

ウルトラマンG（ゴーデス）

ゲルガン

ベムラー

ブローガ

キングボックル

デーガン

テロリスト星人

バランガ

ツルク星人

ギルガス

ゴラ

UF-0（ユーエフゼロ）

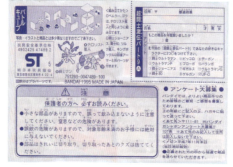

UF-0に騎乗するウルトラマンG（ゴーデス）。

# バンダイ ウルトラマン超闘士激伝 PART10

　ゴーデス編も後半に入り、復活した魔神シラリー、コダラーが登場。この2体の魔神は大型で、1カプセル1体入り。そのため通常12種なのが、10種のラインナップになっている。

　魔神以外はすべてプラパーツ付き。メッキ仕様のアイテムも増えている上、メフィラス大魔王と配下の鋼魔四天王も新装備で再登場。人気キャラクターで構成されている代わり、組み合わせて遊べるものなどは、今回は見送られている。

ディフォルメ編

闘士ウルトラマン

闘士ウルトラマン（素体）

コダラーと闘士ウルトラマン。コダラーは全高37mmと、高さはウルトラマンよりも低いが、非常にボリュームがある造形物になっている

闘士セブン

闘士セブン（素体）

闘士エース

闘士エース（素体）

メフィラス大魔王

メフィラス大魔王（素体）

闘士バルタン星人

闘士バルタン星人（素体）

闘士ケムール人

闘士ケムール人（素体）

闘士ダダ

闘士ダダ（素体）

闘士ザラブ星人

闘士ザラブ星人（素体）

シラリー

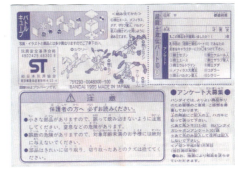

コダラー

# バンダイ ウルトラマン超闘士激伝 PART11

ゴーデス編のラスト。ラスボス・究極魔神シーダと最強形態のウルトラマンが目玉アイテム。なお、カラータイマーがデルタスターになった超闘士ウルトラマンは、全身メッキされた「プラ製」アイテムだ。

シリアスな展開だが、コミカルなキャラも用意され、バリエーション豊か。OVA発売（1996年）が迫る時期で、ミニブックにもアニメ化決定の告知がある。

超闘士ウルトラマン

ウルトラの父

闘士ジャック

闘士ジャック（素体）

ウルトラマンタロウ

闘士レオ

闘士レオ（素体）

ウルトラマンG

闘士アストラ

闘士アストラ（素体）

ウルトラマンP

ササヒラー

闘士ヤメタランス

闘士ヤメタランス（素体）

究極魔神シラリー

究極魔神コダラー

究極魔神シーダは、コダラーとシラリーを合体させて作るギミックアイテム。

## バンダイ ウルトラマン超闘士激伝 PART12

　新展開のエンペラ星人編。新ヒーローのネオス、セブン21が加わった。物語はウルトラの秘宝3種をめぐる戦いでもあり、モングラーの台座には秘宝のひとつ「ウルトラキー」が隠れている。

　メタルモンスは、元ネタとなった怪獣3体のスーツが共通であることに掛けたネタで、別パーツの頭&共通の胴体。クロスのメッキはゴールドとなり、バトルキューブはEXキューブに変更。なお本弾は、OVA販促のための無料配布キャンペーンにも使われた。

こちらが新仕様のEXキューブ。

ディフォルメ編

隊長ウルトラマン

隊長ウルトラマン（素体）

闘士グレート

闘士グレート（素体）

ウルトラマンネオス

ウルトラマンネオス（素体）

ウルトラセブン21

ウルトラセブン21（素体）

闘士ザム星人

闘士ザム星人（素体）

闘士テレスドン

闘士テレスドン（素体）

闘士アーストロン

闘士アーストロン（素体）

闘士サドラ

闘士サドラ（素体）

メタルモンスパゴス

メタルモンスネロンガ

メタルモンスガボラ

モングラー

モングラー（素体）

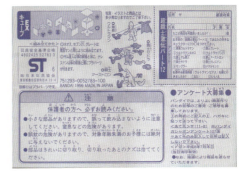

143

# バンダイ ウルトラマン超闘士激伝 PART13

引き続きエンペラ星人編。今回のエースとタロウは、前弾のグレートとともに守護闘士と呼ばれる姿。エンペラ軍のナンバー2と言える司祭ジェロニモンは、3つの秘宝のひとつ「ウルトラベル」を持って登場している。

メタルモンスの2体は、前弾と同じく映像作品のスーツに絡めたネタ。またトータス親子は、3体セットでの封入だった。

隊長ウルトラマン

隊長ウルトラマン（素体）

隊長ゾフィー

隊長ゾフィー（素体）

闘士タロウ

闘士タロウ（素体）

闘士エース

闘士エース（素体）

司祭ジェロニモン

司祭ジェロニモン（素体）

闘士バルキー星人

闘士バルキー星人（素体）

闘士グビラ

闘士グビラ（素体）

闘士ガイロス

闘士ガイロス（素体）

キングトータス

クイントータス

ミニトータス

メタルモンスピーター

メタルモンスゲスラ

# バンダイ ウルトラマン超闘士激伝 PART14

　エンペラ星人編のクライマックスで、「激伝」としての最終弾。闘士となったネオスとセブン21が登場し、エンペラ星人も姿を現す。最後の秘宝はウルトラマンが持つ「ウルトラミラー」で、これは激伝オリジナルのアイテム。今回のメタルモンスは空軍で、ペギラとチャンドラー。また円盤生物は、5体でセットだった。

　当時、エンペラ星人は謎の宇宙人で、この激伝で初めて公式の姿が描かれた。しかし後の「ウルトラマンメビウス」のエンペラ星人は、別の姿をしている。このため「超闘士激伝新章」では、本弾のエンペラ星人は仮の姿であったことが明かされている。

ディフォルメ編

隊長ウルトラマン

隊長ウルトラマン（素体）

闘士ウルトラセブン

闘士ウルトラセブン（素体）

闘士ネオス

闘士ネオス（素体）

闘士セブン21

闘士セブン21（素体）

エンペラ星人

エンペラ星人（素体）

闘士ブラック指令

闘士ブラック指令（素体）

闘士ガンダー

闘士ガンダー（素体）

闘士ギエロン星獣

闘士ギエロン星獣（素体）

メタルモンスペギラ

メタルモンスチャンドラー

シルバーブルーメ

アブソーバ

ブニョ

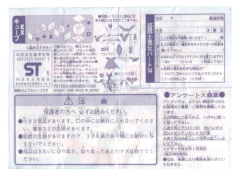

ノーバ

デモス

円盤生物5体は、このように繋がった状態で封入。1体のサイズは22mmほどと小さく、ノーバのみ2パーツ構成。

## バンダイ ウルトラマン超闘士鎧伝

リニューアルした「超闘士鎧伝」は装備を集めるゲーム式で、多くの鎧が別キャラに換装できるように作られている。これに伴い、これまでのキューブは付かなくなった。また、一部のアイテムは彩色で登場。
　内容はエンペラ星人編の続きで、新ヒーローのゼアスなどが登場。ゼアスには、3大秘宝とそれを収める太陽の棺が付属。地球製ロボットのGウエポン1号機の武器は合体可能な仕様。さらに、グランドキングなど3体はグレイテストキングに合体可能だ。
　ミニブックは一部記事が異なる3種があり、右の写真2点はは変更部分。

ウルトラマン

守護闘士ウルトラセブン

守護闘士ウルトラセブン（素体）

ウルトラマンゼアス

太陽の棺＆三大秘宝

エンペラ星人

G-ウエポン1号機

G-ウエポン1号機（素体）

HW-1

HW-3

G-ウエポン2号機

G-ウエポン2号機（素体）

グランドキング

エアロキング

アクアキング

3体を組み合わせると、グレイテストキングが完成する。

## バンダイ ウルトラマン超闘士鎧伝 新戦士ティガ出現篇

　ダークベンゼン編がスタートするが、本弾を持って超闘士シリーズはいったん終了となってしまった。

　当時の新ヒーロー、ゼアスに加えてティガが登場し、ベンゼン星人の王・ダークベンゼンとの戦いが描かれている。メフィラス星人II、ゼットンIIは2代目怪獣が元ネタ。エレキングIIは再生エレキングから。超闘士シリーズらしい、コアなネタを盛り込んでの幕引きとなった。

　なお前弾同様、一部が異なる3種類のミニブックがあった。

ディフォルメ編

ウルトラマンゼアス

ウルトラマンティガ

G-ウエポンSSS

G-ウエポンSSS（素体）

小型ビートル

G-ウエポンMAT

G-ウエポンMAT（素体）

MATアロー

G-ウエポンTDF

G-ウエポンTDF（素体）

ダークベンゼン

メルバ

ゴルザ

メフィラス星人II

メフィラス星人II（素体）

エレキングII

エレキングII（素体）

ゼットンII

ゼットンII（素体）

## バンダイ ウルトラマン超闘士激伝 復刻版

2014年に再始動した超闘士シリーズのスタートを切ったアイテム。超闘士の序盤から14種、フルカラークロスシリーズから4種で、計18種。成型色は固定で、フルカラークロスからのアイテムも無彩色になっている。

この復刻版は、当時の製品を3Dスキャンして、金型を新規作成したという現代的なもの。本弾からの復刻はやや大きくなり、フルカラークロスからのものは小さくなっている。

プラパーツはすべて、金メッキとグレーの両方が付属。また、自立しにくいものには台座が付き、セブンのアイスラッガーは接着されている。また、刻印も更新されている。

**実物大** 41mm

闘士ウルトラマン

闘士ウルトラセブン

ゾフィー

ウルトラマンエース

ウルトラマンジャック

ウルトラマンタロウ

ウルトラマンレオ

アストラ

メフィラス大魔王

ハイパーゼットン

闘士バルタン星人

闘士ダダ

闘士ザラブ星人

闘士ケムール人

デルタスターウルトラマン

メフィラス大魔王

メフィラス大魔王（素体）

彗星戦神ツイフォン

スーパーツイフォン

※デルタスターウルトラマン以降の4種が、フルカラークロスからの復刻。メフィラス大魔王のみ素体も掲載した。

復刻版の外箱。プレミアムバンダイから、アニメDVDとセットで販売された。

当時のアイテム（左）と復刻版のアイテム（右）を比べると、わずかに大きくなっている。

## バンダイ ウルトラマン超闘士激伝 新章01

2014年よりウェブコミックスとして超闘士激伝が新章として復活。エンペラ星人編の続きで、ウルトラマンメビウスを主軸としたストーリー展開。そして2015年、ガシャポンでも超闘士が復活した。

1カプセル1体入り200円で、全キャラクターにクロスパーツが付属。また、ウルトラマンの目やカラータイマーにはクリア素材が使われている。

素体の成形色は各3色で、ペールオレンジ（クロスはグレー）シルバー（クロスはレッド）ブルー（クロスはクリアブルー）。ただしウルトラヒーローのクロスは、メッキシルバーとなっている。なお、ウルトラヒーローのクロスはやや余裕を持たせた作りで、交換可能になっている。素体の素材も硬い感触になっており、「消しゴム」というジャンルからは離れるかもしれない。

実物大　43mm

### ディフォルメ編

ファイター 闘士ウルトラマンメビウス

ファイター 闘士ウルトラマンメビウス（素体）

ファイター 闘士ウルトラマン

ファイター 闘士ウルトラマン（素体）

ファイター 闘士グローザム

ファイター 闘士グローザム（素体）

ファイター 闘士デスレム

ファイター 闘士デスレム（素体）

ファイター 闘士ガルタン大王

ファイター 闘士ガルタン大王（素体）

ウルトラヒーロー同士では、鎧パーツを着せ替えて装備させることが可能。この仕様は、新章の第2弾にも引き継がれた。鎧伝のアイデアを発展させた仕様と言えるだろう

ウルトラヒーローの目やカラータイマーはクリアパーツとなっており、光の加減で輝いているように見える。写真では、わかりやすいように背面から光を当てて撮影した。

ディフォルメ編

## バンダイ 限定版 闘士ウルトラマンメビウス メビウスバーニングブレイブ

新章第2弾に先駆け、通信販売で予約開始された。プレミアムバンダイ版（本体クリアピンク）と、秋田書店オンラインストア版（本体クリアレッド）があり、掲載写真は秋田書店のもの。パッケージ2点は、左がプレミアムバンダイ、右が秋田書店オンラインストアとなっている。

本体の造形は新章02のものと同様だが、クロスは一部付属品が異なり、大きな羽が付いている。

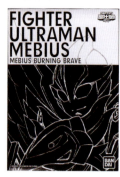

闘士ウルトラマンメビウス メビウスバーニングブレイブ

## バンダイ ウルトラマン超闘士激伝 新章02

2016年発売の第2弾。残念ながら最終弾となった。ウルトラマンヒカリが登場し、旧超闘士からタロウ・ネオスがフィーチャーされている。

前弾のカラーに、新色の赤（クロスはクリアイエロー）が加わり、各4色となっている。ただしヒーローのクロスはメッキシルバーのため、クリアイエローのクロスは闘士スペクターのみ。また、守護闘士タロウのウルトラホーンはゴールドメッキで、非常に大きく派手なアイテムである。

ファイター
闘士ウルトラマンメビウス メビウスバーニングブレイブ

ファイター
闘士ウルトラマンメビウス メビウスバーニングブレイブ（素体）

ファイター
闘士ウルトラマンヒカリ

ファイター
闘士ウルトラマンヒカリ（素体）

ファイター
闘士ウルトラマンネオス

ファイター
闘士ウルトラマンネオス（素体）

ファイター
守護闘士ウルトラマンタロウ

ファイター
守護闘士ウルトラマンタロウ（素体）

ファイター
暗殺闘士スペクター

ファイター
暗殺闘士スペクター（素体）

## Column 超闘士シリーズいろいろ

超闘士激伝は消しゴム人形のほか、カードダス、コミックスなどさまざまな形態で展開された。ここでは数多くのアイテムの中から、消しゴム人形に近しいものを、いくつかピックアップして紹介していこう。

### バンダイ ウルトラマン超闘士激伝 フルカラークロス

超闘士激伝のガシャポンでは、消しゴム人形の他に彩色ソフビ人形（200円）も展開されていた。このフルカラークロスはその後継のようなかたちで登場したシリーズで、彩色塩ビ人形にプラ製のパーツが付属する構成。

ここまで紹介してきた消しゴム人形のラインに似た作りで、「ウルトラマン超闘士激伝 復刻版」では、全7種のうち4種が、ダウンサイズした無彩色版となって登場している。右写真の無彩色のものは、前述「復刻版」に封入されていた人形。

### ユタカ ポケットヒーローシリーズ

ユタカのポケットヒーローシリーズは、彩色人形のセット商品で、消しゴム人形に彩色したものも多数使われている。超闘士激伝でも、ガシャポン本弾の人形に塗装を施し、クロスをメッキにしたものが登場。5体セットにしたものが3種類と、これらを搭載できる大型戦艦玩具が販売されていた。

またユタカの超闘士関連商品としては、大き目のソフビ人形にメッキのクロスを付けた「アーマードファイターシリーズ」も展開されていた。

### 限定版 超闘士ウルトラマン

超闘士激伝2周年記念として、コミックボンボン（講談社）誌上において、応募者全員サービスで配布されたアイテム。ダイキャスト製金メッキの超闘士ウルトラマンで、サイズはガシャポン本弾とほぼ同様。

### OVA販促用配布物

超闘士激伝がOVA化されたとき、その告知のためにPART12の人形が袋入りで配布された。詳しい経緯は判明していないが、玩具店やビデオ店で配布されたと推測される。

成形色はガシャポン本弾と異なるものも存在している。また、クロスのメッキ加工も行われていない。

## バンダイ ウルトラの湯めぐり入浴剤

　1996年発売の入浴剤で、オマケに人形が付いてくる。入浴剤3包と人形1個が入って、1箱380円。人形には、お湯につける（温める）と色が黄色に変わるという入浴剤らしい要素が入っている。
　刻印は「©円谷プロ B.」と、バンダイの玩具に見られる4つ穴がある。なお掲載した4種の他、バルタン星人が存在する。

温めると、カラーが黄色に変わる。

ウルトラマン

カネゴン

レッドキング

ピグモン

厚みのないつくりで、横から見るとこのようになっている。

## バンプレスト ウルトラマン倶楽部 きゃらえっぐ

　バンプレストのムーバー（幼児向け可動筐体）の景品などに投入されていた消しゴム人形で、台座に吸盤が付いているのが特徴。
　彩色されたものなどいくつかのバリエーションが存在。登場時期は不明瞭だが、1992年には吸盤が無く彩色されたものが使われていたようだ。ミニブックは、1994年、1997年、2004年の3種を掲載（94年と97年の裏面は共通）。少なくとも2004年まで利用されていたわけで、息の長い商品だったと言える。

実物大　33mm

ウルトラマン

ウルトラセブン

ウルトラマンエース

ウルトラマンタロウ

ウルトラマングレート

カネゴン

バルタン星人

レッドキング

ゴモラ

エレキング

●1994年

●1997年

●2004年

## ユタカ ミニヒーロー VS 怪獣／他

「ミニヒーロー VS 怪獣」などのフックトイのほか、いくつかの玩具にオマケとして封入されていた。発売年ははっきりしないが、ウルトラマンティガ放送時（1996年〜）にスタートし、ダイナ（1997年〜）やガイア（1998年〜）の放送時にヒーローを追加していったものと考えられる。

後年、怪獣は中国製造に移行しており、中国製のものは一回り小さい。このとき刻印も、「©円谷プロ Y.」から「©円谷プロ CHINA」に変更されている。

造形からは、バンダイ「ウルトラファイティング」の影響を感じさせる。

実物大 34mm

左が日本製、右が中国製。比較すると、やや中国製の方が小さいことがわかる。

※キャラクター名の刻印は無く、ガラモンはピグモンの可能性もある。

ウルトラマン

ゾフィー

ウルトラセブン

ウルトラマンタロウ

ウルトラマングレート

ウルトラマンパワード

ウルトラマンネオス

ウルトラセブン21

ウルトラマンゼアス

ウルトラマンティガ

ウルトラマンダイナ

ウルトラマンガイア

ジェットビートル

ポインター

ディフォルメ編

カネゴン

ガラモン

ダダ

にせウルトラマン

ガッツ星人

ニセ・ウルトラセブン

グランドキング

サイコバルタン星人

ベンゼン星人

ザム星人

ゴルザ

メルバ

## Column ウルトラマン倶楽部 クリスタルバウンド

　このクリスタルバウンドは、バンダイのウルトラマン倶楽部でも一風変わった玩具。スーパーボールの中に怪獣消しゴムが入ったもので、SD系の人形のほか、ポピーや丸越の怪獣消しゴムも使われていた。

　下の写真は、ドラコのクリスタルバウンド（右）と、丸越「ウルトラマンシリーズNo.5」（50ページ掲載）のドラコ。クリスタルバウンドの中の人形は、レンズ効果で大きく見えるのも面白い。

　1回200円のガシャポンで、第1弾1991年、第2弾1992年、第3弾1993年と、長期にわたって展開された。

## ユタカ ウルトラバランスゲーム

バランスゲームのコマとして付属している消しゴム人形。この人形を使ったバランスゲームには、いくつかのバリエーションがあったようだ。右のパッケージ写真はその一例。

人形は2cmほどと非常に小さく、刻印は「©円谷プロ」のみ。バンダイ「ウルトラマン怪獣大図鑑」シリーズとよく似ているが、造形は異なる。

― 実物大 ―

22mm

ウルトラマン

ウルトラセブン

バルタン星人

エレキング

## 明治 明治チョコスナック ウルトラマンティガ

1996年～1997年のウルトラマンティガ放送時に販売された食玩。

ウルトラマンティガ4種と、序盤に登場した怪獣6種の全10種。人形はSDマスコットと呼称されており、サイズは3cmほどと小さめ。成形色3種は、ティガのカラーリングに合わせているようだ。またガクマがα・βの2パターン入っているのは、非常に珍しい。

― 実物大 ―

26mm

ウルトラマンティガ

ウルトラマンティガ

ウルトラマンティガ

ウルトラマンティガ

ゴルザ

メルバ

ガクマα

ガクマβ

キリエロイド

リガトロン

ディフォルメ編

## Column 怪獣消しゴムの"兄弟＆同族" ①

怪獣消しゴムの原型などを利用しつつ金属などで作られた"兄弟"のようなアイテムや、一部がゴムや塩ビで作られた"同族"のようなアイテムは意外に多い。ここでは、そうしたアイテムの一部を紹介していこう。

### 丸越
### キーホルダー

丸越「アクションポーズ」(48ページ)の原型を使った金属ダイキャスト製のキーホルダー。駄菓子屋のクジ景品などに用いられていた。

### バンダイ
### ウルトラマン兄弟 VS 大怪獣 ベアラー

ポピー「ウルトラ怪獣消しゴム」第1弾(8ページ)と同じ原型で作られた、金属ダイキャスト人形。ベアリング入りの台座を付け、ボーリングやおはじきのように遊べる。6種類あり、ゼットンのみ新規造形だった。

### 不二家
### ウルトラマンフラッシュ

1996年ごろに発売された食玩。半透明のパーツが消しゴム系の素材で、胴体はプラスチック。この半透明パーツが光を通し、カラータイマーなどが光っているように見える。ラインナップは、ウルトラヒーロー4種に怪獣4種の計8種。

### バンダイ
### ウルトラシリーズ
### クリスタル怪獣

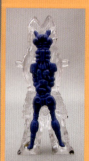

1988年の食玩で、往年の怪獣図解を彷彿とさせるアイテム。外側は透明プラスチック製、内部は消しゴムになっている。ラインナップは怪獣のみで、ゼットンやレッドキングなど10種がある。

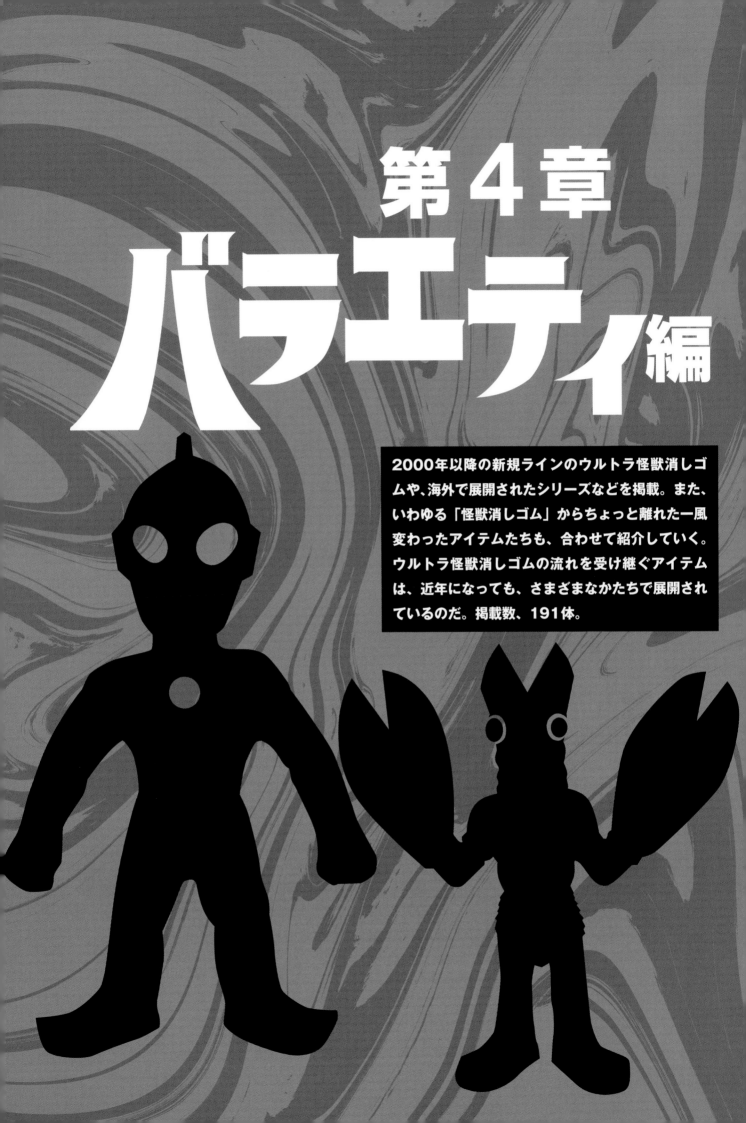

# 第4章 バラエティ編

2000年以降の新規ラインのウルトラ怪獣消しゴムや、海外で展開されたシリーズなどを掲載。また、いわゆる「怪獣消しゴム」からちょっと離れた一風変わったアイテムたちも、合わせて紹介していく。ウルトラ怪獣消しゴムの流れを受け継ぐアイテムは、近年になっても、さまざまなかたちで展開されているのだ。掲載数、191体。

## バンダイ ウルトラヒーロー VS 怪獣軍団コレクション

2006年のウルトラマンマックス放送時に登場したシリーズ。当時のウルトラマンのガシャポンとしては、ハイターゲット向けのHGシリーズがよく知られている。それに対して、こちらは子供向けに展開したものと考えられる。100円で固定4体セット入り。ウルトラマン1体は前面のみ彩色、他3体は無彩色という仕様で、6セット全24種。

ウルトラマンマックスで、ウルトラ怪獣の総数が1000に迫っていたこともあり、シリーズ登場時には「目指せ1000体」とのキャッチコピーが使われていた。これを受けて、怪獣の人形には登場順のナンバーが振られている。ウルトラマンは、レオなら「L1」、ウルトラマンマックスなら「Mx1」といった刻印だ。

── 実物大 ──
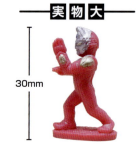
30mm

※掲載は、全6セットのセット順とした。

|  |  |  |  |
|---|---|---|---|
| ウルトラマンマックス | グランゴン | ラゴラス | レギーラ |
|  |  |  |  |
| ウルトラマンマックス | ピグモン | サラマドン | スラン星人 |
|  |  |  |  |
| ウルトラマンマックス | パラグラー | バグダラス | レッドキング |

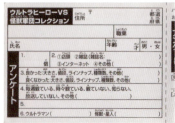

バラエティ編

ウルトラマンマックス

メタシサス

ナツノメリュウ

ケサム

ウルトラマンレオ

ババルウ星人

アクマニヤ星人

セブンガー

ウルトラマンティガ マルチタイプ

マノン星人

ゴルザ

キリエロイド

## バンダイ ウルトラヒーローVS怪獣軍団コレクション2

第2弾も固定4体セットの仕様で、ウルトラマンマックス中心のラインナップ。
どちらかといえばグッズに恵まれなかった同作品においては、貴重な立体物も多い。
なおカネゴンはクルミ塗装で、全体がメタリックカラーで塗られている。

ウルトラマンマックス

シャマー星人

ヘイレン

アントラー

ウルトラマンゼノン

キングジョー

159

バラエティ編

 ゼットン
 エレキング
 ウルトラマンマックス
 エラーガ

 ゴモラ
 メトロン星人
 ウルトラマンマックス
 タマ

 ミケ
 クロ
 カネゴン
 リトラ

 ゴメス
 ナメゴン
 ウルトラマンタロウ
 テンペラー星人

 エンマーゴ
 カタン星人

ウルトラマンマックスの刻印（左）とカネゴンの刻印（右）。ウルトラヒーローは略称と番号、怪獣は通し番号となっている。

口メモ：アントラー、キングジョー、ゼットン、エレキング、ゴモラ、メトロン星人はウルトラマンマックス登場時のもの。

## バンダイ あそぶっくゲーム＆絵本 ウルトラマン

バンダイの「あそぶっく」は、絵本と玩具を組み合わせたシリーズ。そのひとつである「あそぶっくゲーム＆絵本 ウルトラマン」は1993年発売で、消しゴム人形7体の他、すごろくゲームなどさまざまな付録が付いている。

全7体のうち6体は丸越「ウルトラマン大集合」(57ページ掲載)などのものだが、右のウルトラマンは新規造形と考えられる。サイズは48mmほど。

ウルトラマン

## セイカ 大怪獣バトルけしごむ

2007に年セイカから販売された「けしごむ」。実に30年ぶりの「本当に消せる怪獣消しゴム」だ。100円の箱売りで、ランダム2体入り。エンピツや下敷きと合わせてゲームが遊べるようになっており、成型色(赤・青・黄)もゲーム内容に影響する仕様。

バンダイのアーケードカードゲーム「大怪獣バトル ULTRA MONSTERS」を題材にしており、ゲーム第2弾までの怪獣がラインナップ。そのため、昭和～平成まで幅広いセレクションとなっている。実際に消しゴムとして使える素材なだけに、造形はやや素朴。なお、ウルトラマン(成型色は赤のみ)はシークレット扱い。また雑誌「ケロケロエース」(角川書店刊)のオマケとして、色違いの緑のゴモラが付属した。

実物大

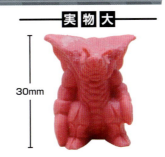
30mm

ウルトラマン

ガラモン

バルタン星人

レッドキング

ゴモラ

ダダ

メフィラス星人

ジェロニモン

キングジョー

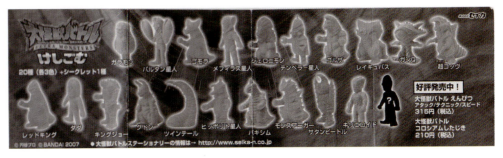

バラエティ編

バラエティ編

ツインテール

グドン

バキシム

ヒッポリト星人

テンペラー星人

サタンビートル

ゴルザ

キリエロイド

モンスアーガー

レイキュバス

ガンQ

超コッヴ

## セイカ 大怪獣バトルけしゴム スペシャル10BOX

　大怪獣バトルけしごむの第2弾にあたるアイテムで、雑誌「テレビマガジン」2008年6月号（講談社刊）に、すごろくのコマとして付録していたもの。

　ラインナップはゲーム「大怪獣バトル」の第3弾登場怪獣となっている。成形色はオレンジのみで、前弾との互換性はない。人気怪獣とともに、「大怪獣バトル」のオリジナル怪獣であるEXゴモラが登場している。

ベムラー

ゼットン

ベムスター

ブラックキング

ナックル星人

エースキラー

タイラント

マグマ星人

バルタン星人

EXゴモラ

## バンダイ テレマガ30周年特別付録ウルトラマンコスモス

雑誌「テレビマガジン」2002年1月号に、同誌の30周年特別付録として付属したフィギュア。成形色は青のみで塗装は無いが、ガシャポンHGシリーズと同レベルのリアルな造形となっている。刻印も特殊で、「テレマガ30周年 BANDAI 2001 (C) 2001円谷プロ.COSMOS.非売品」。大きさは85mmほどと、かなり大型だ。なお素材は硬めの感触で、消しゴム人形というジャンルからは、やや外れるアイテムだ。

ウルトラマンコスモス

## バンダイ ULTRA BATTLERS Vol.1

2016年11月ごろ発売の、新しい怪獣消しゴム。ただしアジア圏を中心とした海外のみの流通で、日本国内では未発売。2体セットにカード2枚が付き、全12セット24体のラインナップ。多くの人形が複数パーツを接着した構造になっており、造形は非常に細かい。

2016年当時、国内ではウルトラマンオーブが放送されていたが、アジア圏ではウルトラマンエックスが最新ウルトラヒーローだった。

実物大 45mm

※掲載はセット順。また各怪獣は、初出番組のキャラクターとした。

ウルトラマンエックス

デマーガ

ウルトラマンゼロ

ウルトラマンベリアル

ウルトラマンエックス

ルディアン

ウルトラマン

バルタン星人

バラエティ編

ウルトラマンギンガ

サンダーダランビア

ウルトラマンメビウス

ベムラー

ウルトラマンゼロ

ベムスター

ウルトラマン

ゼットン

ウルトラマンメビウス

ナックル星人

ウルトラマンギンガ

タイラント

ウルトラマンエックス

ガーゴルゴン

グレンファイヤー

ミラーナイト

付属カードの裏面にはQRコードがあり、インターネット上でスペシャルムービーが見られた。

## バンダイ ULTRA BATTLERS Vol.2

　2017年初頭発売の第2弾。前弾と同じく、アジア圏を中心とした海外でのみ流通。ウルトラマンギンガSを中心としつつ、昭和・平成からヒーローをチョイスしており、怪獣側にダークヒーローが多いのも特徴だ。
　パーツ分割数も多く、消しゴム人形としては、キャラクターの再現度は非常に高い。

## バンダイ ULTRA BATTLERS PLAY SET

「ULTRA BATTLERS Vol.2」と同時期に海外で発売されたセット商品2種。
「SUMO BATTLE PLAYT SET」セットはいわゆるトントン相撲で、ウルトラマンはギンガ、ベリアル、そして新規造形のゼロ。怪獣はタイラントが付属。
「SHOOTER BATTLE PLAT SET」は発射台からウルトラマンを飛ばして怪獣を倒す玩具。新規造形のウルトラマンエックスと、デマーガ、ルディアン、ベムスターが付属。ヒーロー・怪獣ともにセットのみの成形色で、ウルトラマンはクリアブルー、怪獣は黄色だ。

ウルトラマンゼロ

怪獣の成形色はイエロー。

ウルトラマンエックス

## バンプレスト むでんくん 超ミニフィギュアシリーズ ウルトラマンシリーズ

プライズゲーム機「むでんくん」の専用景品として、2002年に展開された。クルミ塗装されたポリ人形で、いわゆる消しゴムとは言えない素材。ただし造形などに怪獣消しゴム的な雰囲気があるため、掲載することにした。
大きさは3cmほどで、塗装色はキャラクターごとに固定。

ウルトラマン

ウルトラマンティガ

ウルトラマンコスモス

バルタン星人

ゼットン

## バンプレスト ウルトラマンコスモス ファイティングコスチューム

2001年に展開されたアクションフィギュア景品に、オマケとして付属した無彩色人形。無塗装のポリ製のため消しゴムとは言えないが、怪獣消しゴム的な雰囲気は十分。サイズは4cmほどとなっている。

バルタン星人ベーシカルバージョン

ネオバルタン

このように、ウルトラマンコスモスのオマケとして、小型の無彩色人形が付属した。

## バンプレスト 52φカプセルシリーズ

2003年のカプセル景品。前2項目と同じく消しゴムとは言えない素材で、金・銀のクルミ塗装のほか、彩色されたバージョンもある。また、レア扱いのウルトラの父のみクリアカラーとなっている。

それぞれウルトラヒーローとメカがセットになった構成だが、ウルトラの父はソリが別パーツで単体封入。3cmほどの小さい人形だが、造形は精緻。

ウルトラマン

ジェットビートル

ウルトラセブン

ウルトラホーク3号

ウルトラマンエース

タックアロー

ウルトラマンタロウ

コンドル1号

ウルトラマンティガ

ガッツウイング2号

ウルトラマンレジェンド

テックサンダー1号

ウルトラの父

こちらが彩色バージョン。セットのビークルも細かく塗り分けられている。

## バンダイ　ウルトラ墨絵スイング

2016年スタートのガシャポンで、白色ボディに墨入れのような汚し塗装が入ったボールチェーン付き人形。1回200円、全10種のラインナップ。墨入れのみのほぼ無塗装のアイテムなことから、「大人の怪獣消しゴム」と位置づけられた。

造形はディフォルメタイプで、ボールチェーンを活かした飛行タイプのフィギュアが多数ある。また、毎弾必ずバルタン星人がラインナップ入りしているのも、このシリーズの特徴だろう。すべて一体成型で製造されている点も、近年のアイテムとしては珍しい。

第1弾では、昭和のウルトラ怪獣を中心に、幅広い番組から怪獣がチョイスされている。ブラックギラスとレッドギラスの組み合わせは、必殺の「ギラススピン」を再現した造形。また、ウルトラマンは「Bタイプ」と明記されている。

この第1弾のみ、イベント限定で「セピアヴァージョン」が販売された。右の実物大写真は、このセピアヴァージョンのカラーだ。

実物大　41mm

※ボールチェーン部分は外し、飛行タイプは吊り下げて撮影した。

ウルトラマン

ウルトラマンエックス

バルタン星人

改造パンドン

ベムスター

ベロクロン

タイラント

ブラックギラス＆レッドギラス

ガルタン大王

キリエロイドII

ブラックギラス＆レッドギラスは、兄弟怪獣2キャラクターが一体成型されている。

## バンダイ ウルトラ墨絵スイング2

第2弾も2016年に登場し、主な仕様は同様。当時、最新だったウルトラマンオーブから、ウルトラマンと怪獣がそれぞれ登場。その他も、人気が高い怪獣が多い。

バルタン星人はザ☆ウルトラマン登場時のもの。また、2体セット枠には、グドンとツインテールの対決がチョイスされている。

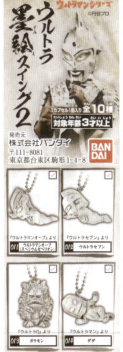

ウルトラセブン

ウルトラマンオーブ スペシウムゼペリオン

ガラモン

ダダ

エレキング

ツインテール&グドン

バルタン星人

ガンQ コードNO.2

ウルトラマンベリアル

マガタノオロチ

## バンダイ ウルトラ墨絵スイング3

第3弾は2017年発売。造形はこれまで通り10種だが、ウルトラマン3種にはゴールド塗装の金色Ver.が存在する。ゴールドは封入率が低いレアアイテムで、入手した人には、キャンペーン応募での優遇もあった。

吊り下げることを前提としたアイテムは、さらに増えている。またバルタン星人枠はアンドロメロスのメカバルタン、そして2体枠はギロン人とアリブンタ（絶命時のシチュエーション）。相変わらず、マニアのツボを突いたラインナップだ。消しゴム系アイテムでは他に見ない、ガタノゾーアが入っているのもポイント。

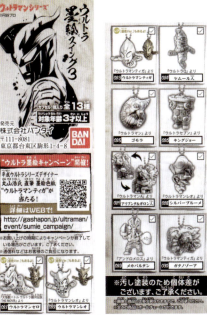

※ウルトラ墨絵スイング2〜4のミニブックは、スペースの都合で分割して掲載。本来は一枚に繋がっている。

バラエティ編

バラエティ編

ウルトラマンレオ

ウルトラマンティガ

ウルトラマンゼロ

ケムール人

ゴモラ

キングジョー

アリブンタ&ギロン人

シルバーブルーメ

メカバルタン

ガタノゾーア

## バンダイ ウルトラ墨絵スイング4

　2017年発売。残念ながら、この第4弾で最終弾となった。それと同時に、国内における怪獣消しゴム系玩具の最新アイテムとなっている。

　今弾もウルトラマン3種には金色Ver.があり、これを含めると13種になる。バルタン星人や、2体合体枠も健在。

　注目したいのは、当時最新作だったウルトラマンジードが登場している点。そして映画「ULTRAMAN」から、ウルトラマン・ザ・ネクストとビースト ザ・ワンがチョイスされていること。この2種は、小型玩具が少なく貴重な存在。グリーザ（第二形態）も珍しいセレクションだ。

ウルトラマンメビウス

ウルトラマン・ザ・ネクスト ジュネッス

ウルトラマンジード プリミティブ

カネゴン

バルタン星人 二代目

レッドキング 二代目

ナース

アストロモンス&オイルドリンカー　ビースト ザ・ワン ベルゼブア・コローネ　グリーザ 第二形態

# Column ウルトラ怪獣消しゴムの"兄弟&同族"②

156ページに続いて、ウルトラ怪獣消しゴムの兄弟・同族のようなアイテムを紹介していこう。怪獣消しゴム的なアイテムは、近年にもいろいろと登場しているのだ。

## バンダイ ウルトラマンワールド

1993年発売の食玩。「SDウルトラマン」（115ページ掲載）のウルトラマンの原型（または金型）を用いた人形が付いていた。プラスチック製で、全体にゴールド／シルバーのメッキが施され、クリアのベースが付くという豪華なアイテムだ。

## バンダイ びっくら？たまご

「びっくら？たまご」はフィギュア入りの入浴剤のシリーズで、ウルトラマンのものも多数登場している。通常はPVCの彩色人形だが、ウルトラマンジード以降は、ゴールドやクリアカラーなど、特殊色の無彩色人形も使われるようになった。なお、「ウルトラヒーロー大集結」などのSD路線のものと、「戦え！ウルトラヒーロー」などのややリアル寄りのものがある。

## ユタカ カラフルスーパーボール／他

ウルトラマンや怪獣をかたどったスーパーボールが、何種類か存在する。赤いスーパーボールは景品などに使われていたもので、もともとは彩色玩具だったと思われる。また、クリア素材のスーパーボールのセットが、「カラフルスーパーボール」という名称のフックトイになっていた。

## バンダイ ガシャポンHGシリーズ／他

①  ②

③  ④

彩色玩具のシリーズでも、折に触れて無彩色のアイテムが登場することがあった。そのいくつかを紹介しよう。①はガシャポンHGシリーズにオマケとして封入されたビークル。②はバンダイ「キャラエッグ」の無彩色版で、景品として配布されたもの。③はバンダイ「ハイパーウルトラマン」の透明怪獣ネロンガ。④はバンプレスト「一番くじチャレンジ ウルトラ怪獣」のオマケ。

# INTERVIEW
## 超闘士対談
### シリーズ原作者 三条 陸（瑳川 竜）
### ガシャポン担当者 齋藤満春

**三条 陸**（さんじょう・りく）
漫画原作者、脚本家。瑳川竜（さがわ・りゅう）名義で「ウルトラマン超闘士激伝」シリーズの原作を手掛ける。漫画原作は、「DRAGON QUEST -ダイの大冒険-」「冒険王ビィト」ほか多数。「仮面ライダーW」「獣電戦隊キョウリュウジャー」などで脚本を書いている。

**齋藤満春**（さいとう・みつはる）
株式会社BANDAI SPIRITS。バンダイ所属時に、ウルトラマン関連を担当。ガシャポンシリーズ「ウルトラマン超闘士激伝」などを手掛ける。1994年にはガシャポンHGシリーズを立ち上げ、カプセルトイの常識を覆すハイクオリティな造形＆彩色で大ヒットに導いている。

ウルトラ怪獣消しゴムの中でも異彩を放つ、ガシャポン「ウルトラマン超闘士激伝」。このシリーズはどのように生み出されたのだろうか？ キーマン２人に語っていただいた！

聞き手：ガイガン山崎

――まずは、「激伝」の企画が立ち上がるまでのお話からうかがえますか？

**齋藤** 私は当時、自販キャンディ事業部のカプセル課……かつてはキャンディ事業部とカード事業部とベンダー事業部が一緒になってて、最初は営業をしていたんですが、入社3年目となる1993年頃からガシャポンの商品開発に携わるようになりました。

**三条** 僕がバンダイさんの企画に関わるようになったきっかけは、「ドラゴンボール」のカードダスでした。最初は違ったんですが、第2弾からウチの事務所でやるようになって、「週刊少年ジャンプ」（集英社刊）の誌面で紹介したりしてたんです。ちょうどアニメが「ドラゴンボールZ」に切り替わる頃で、その他のジャンプ系アニメのカードダスもやってましたね。

――「激伝」も、最初はガシャポンじゃなくてカードダスでした。

**三条** 当時、「ドラゴンボールZ」と騎士ガンダム（「SDガンダム外伝」）がカードダスの両輪で、そこに続く第三のキャラクターを求められたんですね。すでに「仮面ライダーSD」はあったから、今度はウルトラマンがいいんじゃないかなと。で、騎士ガンダムの元ネタは「ドラゴンクエスト」だから、こっちには「ドラゴンボール」や「聖闘士星矢」の要素を入れてみたんです。

**齋藤** 「SDガンダム」と「ドラゴンボールZ」に続く第三の柱が欲しかったのは、カプセル課も一緒なんです。そんなときに、「激伝」のカードダスを見て、同じ事業部なので相乗りしようと。

**三条** 装鉄鋼（メタルブレスト）をアタリ要素にして、そうじゃないものは普通の消しゴムの2個組みにしようというものが、齋藤さんのアイデアでした。プラスチック製の装鉄鋼を脱がすと、普通のウルトラ戦士や怪獣になる……そこが面白いなと思いましたね。

**齋藤** 当初はカードダスが主幹だったので、そこに従って構成していたんですが、やがてカードのほうが打ち止めになり、こちらのほうで自由に企画していくようになりました。

**三条** カードのために用意していたストーリーは"メフィラス大魔王編"までで、そこから先はガシャポンのラインナップを主軸に作っていきました。闘士五獣士（ファイター）とか、ここから始まったものですしね。

**齋藤** 三条さんが持ってこられた粗筋をもとに、ふたりで10体なり12体なりのラインナップを考えていき、そのときに4弾構成でナントカ編にしようみたいなことも決めてたはずです。だから、ミニブックで次回予告を出すなんてこともできた。

――第1弾、第2弾のラインナップが、のちにディスプレイ付きの食玩として再販されましたが、こちらは？

**齋藤** 実はこれ、まったく記憶にないんですよ。ユタカのもの（ポケットヒーローシリーズ）とは違うんですよね？

**三条** どっちも初期のラインナップをもとにしてるんですけど、ユタカのは彩色されていて、メッキの装鉄鋼が付いてるセットでした。

**齋藤** あれはユタカから企画が回ってきて、売り場も違うので別にいいかなと。基本的にガシャポンは売り切りだし、前の商品を買えなかった子が新しいファンになってくれれば、こっちも買ってくれるようになるはずだという考え方ですね。たぶん、食玩のほうも同じ感覚で許諾したんだと思います。

**三条** ユタカさんのヤツはそこそこ売れたみたいで、「仮面ライダーSD」でいうところのライダーキャリアみたいな大型商品が欲しいと言われて、それで考えたのがスターフェニックスなんですよ。ライダーのほうは、みんなが乗れる移動要塞みたいな感じでしたけど、ウルトラだったら宇宙船じゃないかなと。あれが3機分離するのは、ウルトラはウルトラでも「キャプテンウルトラ」のシュピーゲル号が好きだったからですが（笑）。

――そういった三条さんのマニアックな志向は、ラインナップにも現れてますよね。

**三条** バルキー星人、グビラ、モングラー、ガイロス……後半の怪獣は、ほとんど趣味の世界と言ってもいい（笑）。ただ、アリ

グランドキングが、エアロキング及びアクアキングと3体合体することで誕生するグレイテストキング（左）。とてつもない存在感だ。

172

第3弾の闘士ベムスター(左)と、ベストセレクションの闘士ベムスター(右)。シリーズに勢いがあってこのベスト版だが、「激伝」の場合は単なる再販ではなく、なんと新造形の人形で構成されていたのだから驚きだ。

第3弾に封入されていたミニブック。先の展開まで決まっていたため、このように次弾の予告が掲載されることもあった。

ブンタにまたがるギロン人とかに関しては、齋藤さんのほうから"装鉄鋼が付いてないヤツはハズレ"という感じが強くなってきてるから、それを回避する方法はないですかね？"という話があって、ちょっと考えてみたものです。シーダみたいに合体するのもそうだし、その究極がグレイテストキングということになります。

**齋藤** これは大変だった記憶がありますね。なかなか3体のパーツが組み合わなくて……。

**三条** グランドキング以外は、こっちの創作っていう。しかもなぜ、こいつらがモデルなのか？　まぁ、昔から合体怪獣とはそういうものなんですが(笑)。

――ウルトラの星の三大秘宝にしても、ウルトラミラーに関しては創作ですが、円谷プロから何も言われなかったんですか？

**三条** 毎回おうかがいは立ててましたが、ヤプールの正体を明かすときは気をつけるように言われましたね。ウルトラマンと同じ一族が、次元の歪みでヤプール人になったということになると、テレビの「ウルトラマンA」が同族争いだったということになるので、あくまでも似たような種族だったのかもしれないという。ただ、基本的には非常に寛容でしたよ。

**齋藤** 円谷さんも好きでしたもんね、「激伝」。

**三条** 「新章」になってからも、チェックで「まぁ、『激伝』だからいいでしょう」という返事をいただくことがあります(笑)。

――"エンペラ星人編"の各種メタルモンスも面白かったですね。

**三条** バラゴンの着ぐるみをベースにしてるパゴス、ネロンガ、ガボラの顔を変えて遊べる(笑)。マニアな子供なら「これは！」となるシステムで、しかも量産型の敵だからダブってもいいんですよ。むしろ複数あったほうが嬉しい。後に齋藤さんが手掛けるHGシリーズのショッカー戦闘員に通じるものがありますけど、こういうアプローチは「激伝」が初だった気がします。

――後半になっていくに従って、成型色が増えてきて、メッキパーツが付いてきたり、フル彩色された人形までありました。

**三条** 重装鉄鋼は、メッキパーツと普通のプラが両方入ってるのがすごかったですね。

**齋藤** 一応、それなりの生産数が確保できるようになってたからできたことですね。あと、この頃は正念場だったので、もうやれるだけのことはやろうと。

**三条** 当時は、もうHGシリーズも始まってましたからねぇ。

**齋藤** 「鎧伝」とかの彩色に関しては、もう末期症状ですよ(笑)。あんまりやってはいけないことを導入してしまった感がありました。しかし今になって見てみると、なんでベンゼン星人なんかに色を付けたんですかね？

**三条** いや、「ウルトラマンティガ」が始まったばかりで、他にライバルキャラがいなかったんですよ。最初の3話を観ただけでは、キリエロイドがそうなるとは思わないでしょう？(笑)

――同時期ですと、「ウルトラマン怪獣大図鑑」というシリーズがありました。

**齋藤** 小さいヤツが、ひとつのカプセルに5個入ってるという商品です。もっと続けたかったんだけど、わりとすぐ沈没してしまった(笑)。もったい付けず、先にウルトラ戦士を全部作っちゃえばよかったのかなぁ。

**三条** 彩色が流行ってきて、テレビで「ティガ」も始まって、かつては「SDガンダム」と「ドラゴンボールZ」を抑えて、注文数が1位になったこともあった「激伝」でさえフェードアウトを余儀なくされた時代、どうすれば無彩色のものも残していけるかというトライのひとつでしたね。

**齋藤** いっぱい入ってるから、小さい子供たちに喜んでもらえるんじゃないかと思ってたんですけど、お財布からお金を出すのは親のほうなので、それなら色が付いてるほうがいいじゃないってことになっちゃったんでしょうね。

**三条** 当時のHGシリーズって、親子でハマるみたいな感じでしたもんね。齋藤さんがHGというホームランをかっ飛ばした一方で、今度はHGでないものがキツくなっていくわけですよ。

**齋藤** 太陽の光を当てると色が変わる「サンシャインウルトラマン」とか、いろいろ試してたと思うんですが、要するに100円のラインを残しておきたかったんです。200円が主流になっていくとはいえ、それで買えなくなる子供たちが出てくるのはイヤだったので、100円でできることを探してました。

――今や200円どころか、300円や500円のラインが当たり前となってきましたが、またウルトラマンを題材に新たにやってみたい企画はありますか？

**齋藤** 「激伝」以降、HGの30弾くらいで異動を命じられるまで、ウルトラ関係は全部やっていたと思うんですけど、今は秋葉原のガンダムカフェで商品を作ったりしてるんです。だから、自分がウルトラでどうこうっていうのはないですけれど、最近の「ウルトラ墨絵スイング」という商品はよかったですね！

**三条** 無彩色に限りなく近いもので、何がやれるかというトライですよね。これは残念ながら第4弾で打ち止めになってしまったけど、キンケシシリーズなんかは"キンケシ"というスタイル自体に価値があるから、ちゃんと安定して売れてると聞いたことがあります。

**齋藤** 新しい「激伝」は、何がまずかったんだろうなぁ。スペクター？(笑)

**三条** 第1弾は、すごく売れたんですよ。第3弾もデザインはあるんですけどね。まぁ、今回の「新章」に関しては、秋田書店の高橋(圭太)さんとバンダイの三原(脩平)さんが「激伝」世代で、彼らの熱にほだされたというか、リアルタイムで楽しんでくれてた人たちが復活させてくれたみたいなところがあるので、とりあえず綺麗に完結させることができてよかったなと。今のところ、具体的なアイデアがあるわけではないですが、ウルトラマンというキャラクター自体は、恒久的に面白いものなので、また機会が巡ってくれば、いろいろとやってみたいという気持ちはありますよ。それがまた「激伝」なのかどうかは、まだ分からないですけどね。

# INTERVIEW

## 最新の怪獣消しゴム系玩具
## ウルトラ墨絵スイング
## 担当者に聞く！

"大人の怪獣消しゴム"として2016年〜2017年にかけて展開された「ウルトラ墨絵スイング」。レトロな雰囲気をまといつつ現代的な精緻な造形を持つこの玩具が、2019年現在、最新・最後のウルトラ怪獣消しゴムとなっている。その担当者に、誕生までの経緯や企画の意図について聞いた！　聞き手：ガイガン山崎

**森内 尚**（もりうち・ひさし）
株式会社バンダイ トイ事業カンパニー所属。ベンダー事業部所属時に、ガシャポンのウルトラマンを担当。ガシャポンHGシリーズなどを送り出しつつ、「ウルトラ墨絵スイング」「アルティメットルミナス」シリーズを立ち上げた。

——現在はトイ事業カンパニーにて、ソフビなどを手掛けておられるそうですが、入社当初はベンダー事業部にいらっしゃったということでしょうか。

**森内**　ええ。ただ、僕は中途採用なんですよ。バンダイの中途採用は事業部ごとに募集していて、僕の場合はベンダーを希望して入ったんです。もともと別の会社でオモチャ関連の仕事をしていたんですが、子供の頃からウルトラマンが好きだったので、やっぱりバンダイに行かないとダメだなと。入社した時代は、ノンキャラのガシャポンがブームで、「スマートパンツ」とか「忍法キス顔風車」といった商品も、ウルトラマンのものと並行して手掛けてました。

——ベンダー事業部は、他の事業部と比べると、非常に特殊な環境だという話を聞いたことがあります。

**森内**　社内では個人商店なんて言われています。たとえばトイ事業カンパニーであれば、弊社のプロデューサーが番組側と調整を重ねながら企画を進めて、それから開発担当者が工場とやり取りをして仕上げるという開発寄りの仕事になるんですけど、ベンダーの場合は、番組こそ作れないけど企画から製造まで全部やらせてくれる。もっと詳しい話をすると、トイ系には数人の企画と開発がいて、それぞれがチームになってるんですよ。まず開発で下積みをして、いろいろと調整能力をつけてから企画を担当できるようになるんですね。でもベンダーは、キャラ担当がひとりしかいないので、わりと最初から企画もやっていいよというノリがあるんです。成り立ちから取引先まで全部異なるため、事業部によってカラーも全然違ってて、すごく面白い会社だと思います。

——ベンダー事業部における販売までの経路も教えていただけますか？

**森内**　だいたい7〜8ヶ月くらい前に企画を考え始めて、6ヶ月前くらいから原型、そのあとに金型を作ります。金型ができてからすぐの成型品は、往々にしてグチャグチャっとしたものになりがちなので、いろいろと直してもらって、改めてチェックしてから出荷するという流れですね。主なチェック内容は、似てる・似てないというだけでなく……その対象年齢にもよりますが……やっぱり握ったときに怪我しないように尖った部分を丸くしたり、そういった部分にも気を遣います。

——なるほど。ウルトラ関連で、森内さんが初めて手掛けられた商品というと？

**森内**　ガシャポンHGシリーズの「ウルトラ兄弟 大ピンチ＆大チャンス」というドロボンにペチャンコにされたウルトラマンジャックが入ってるヤツです。最初は他のウルトラ兄弟も含めてペチャンコになってるスイングを提案したんですが、残念ながら却下されてしまったんですよ（笑）。ただ、本家でやってるシチュエーションならいいだろうということで、HGシリーズと絡めて成立させたんです。

——それから程なくして、ウルトラ系のHGシリーズはプレミアムバンダイで扱われるようになり、どんどんマニアックになっていきましたね。鬼の怪獣ばかり集めた「鬼スペシャル」とか（笑）。

**森内**　円谷プロさんから「なんでナマハゲが入ってるんですか？　ウチのキャラクターじゃないですよ」って言われたことが（笑）。前任者の商品になるんですが、（劇中では姿が判然としない）ペダン星人を満田かずほ監督に監修していただきながら作ったことがあったんですよ。そのとき、ファンの皆さんが非常に喜んでくださったこともあって、これまで出してなかったものを出そうという流れができてたんです。ただ、それこそ怪獣消しゴムの時代から出尽くしてるといえば出尽くしているじゃないですか。本当に珍しいものでないとダメだと思うんですよね。それで僕が担当している頃には、あんなことになってしまいましたが（笑）、今でもああいうところも拾えたらなと考えてます。怪獣の楽しさって、多種多様な見た目にあるので、その怪獣のことを知らなくても、子供は外見だけで興味を持ってくれると思うんですよ。

——「ウルトラ墨絵スイング」シリーズも、まさにそういう商品でした。こちらは、実際に"大人の怪獣消しゴム"を目指してらっしゃったようですね。

**森内**　一度に沢山の種類を出せるアイデア

告知・宣伝のために、実際に着彩された「墨絵スイング」。ウルトラ戦士は、このように飛び人形スタイルで立体化されるのが常だった。

同じく「墨絵スイング」。森内氏によると、「ウルトラマン80」の合体怪獣プラズマ＆マイナズマも作りたかったという。

現在、森内氏の手から離れて、さらなるシリーズ展開を続けている「アルティメットルミナス」シリーズ。

はないかなということで、ほぼ無彩色のスイングに行き着きました。HGシリーズや「アルティメットルミナス」シリーズみたいにリアルなものになると、どうしても分割という作業でパーツが増えてきてしまうんですよ。そうなると金型に収めるレイアウトの都合上、1シリーズごとの種類や大きさも限られてくる。「ルミナス」なんか透明の素材も使うので、それだけ別の金型を用意しなきゃいけないですし。

——つまりひとつのシリーズに使える金型の個数やサイズは決まっている……？

**森内** ベンダーの場合、特にそうです。他事業部であれば、商品ごとに金額を変えられるじゃないですか。でもベンダーは100円刻みで価格が決まってる。で、この価格と数量の商品であれば、金型は何個までかなぁ、といった感じに決まっていくんです。リアルなフィギュアだと、手足などで分けていくと金型ひとつで1体とかになってしまうので、消しゴム系はそこが有利です。

——「墨絵スイング」と同時期に、「超闘士激伝」の新章も始まりましたが。

**森内** だから、なるべく怪獣は被らないように……あっ、でもガルタン大王はいいなと思って影響を受けちゃいました。墨のふき取り塗装にバッチリ合う見た目だったし、「ウルトラマン80」の怪獣も入れたかったんです。それまで出なかったキャラクターが、こういうふうに連鎖的にラインナップされるのは、ウチの会社あるあるかもしれません（笑）。ちなみに「激伝」の新シリーズは、僕の敬愛する先輩が企画しました。カプセルの枠に縛られない面白いヒット商品をたくさん生んだ方で、その方が異動されてからも影響を受けた後発商品がたくさん出ています。その先輩の担当はウルトラではなかったんですが、どうしても「激伝」だけはやりたかったそうで。

——ウルトラ系の無彩色商品が、同時多発的に登場したのは面白い偶然ですね。

**森内** たぶん、同じようなことを考えてたんでしょうね。当時、ドロボンとかゼットン（2代目）のソフビ（「ガシャポン ウルトラヒーロー500＆ウルトラ怪獣500」シリーズ）もやってて、新たに低価格帯のものを立ち上げたいと思ったんです。「ウルトラ怪獣 かっとび！ランド」を読んで育った世代なので、その影響でツインテールのフライとかタッコングのタコ焼きが入ってるネタっぽい企画（「ウルトラクッキングスイング」）もやってました。ちなみに「ルミナス」の原点は、新しい「激伝」のクリアパーツなんです。あれ、本当に光って見えましたからね。

——そもそも墨入れを施すというアイデアは、どこから出てきたんですか？

**森内** 根付ですね。他社の根付なんかを見ていて、これはいいなと。「墨絵スイング」も、実際に身につけてもらいたくて、ああいう色合いにしたんです。

——「墨絵スイング」は、飛び人形スタイルのものが多かったですよね。

**森内** ファミコンで出ていた「ウルトラマン倶楽部」シリーズのパッケージが好きだったんです。みんなで飛んでて、あれがすごく可愛いなと思っていて、実はそこから来てます。あとのラインナップは、基本的に原型師さんと相談しながら決めていきました。僕なんかよりも全然詳しいですし、やっぱりレアなラインナップを入れたいなと。それと、どこまで一発抜きでいけるかという挑戦をするため、いつもコンビのものを入れてました。ウルトラって、キャラクターと情景が紐付いてるところがいいですよね。フィギュアだと床について、ちゃんと自立するものでないとダメなんですが、こういうスイングはぶら下げるものなので、いろんなポーズができたというのも大きいです。

——会心の作はありますか？

**森内** ネクストとザ・ワンが出せたのは嬉しかったですね。幻に終わった第5弾以降、1弾に1個ずつラインナップを組んで、いずれはネクサスやノアもと考えていたんですけど……。

——第4弾で終わってしまいましたが、第5弾の企画もあったんですか？

**森内** あったと思います。結局、NGが出てしまいましたが、レッドマンは原型まで作ってました。それに原型までいかずとも、絵は描いたというものもあったはずです。漫画家をやってる原型師さんがひとりいらっしゃって、その方がササッと描いてくれたんですよ。で、途中からデザインもお願いするようになったんですけど、それまではデザイン会社に頼んでいたので、最初は自分で汚いラフを描いてました（笑）。

——デザイン画を描いて、ポーズなどを指定するスタイルだったんですね。

**森内** 原型師さんによっては「このキャラをSDにしてください」と伝えるだけで上がってくるんですが、イラストがあったほうが作りやすい方もいらっしゃるので、そういう場合はイラストを書き起こして支給していました。

——ガシャポン特撮部のツイッターアカウントやイベント展示などで、フル彩色したものを公開されていましたが、これは？

**森内** せっかくツイッターを始めたので、ひとつ遊び方の提案をしてみたという感じです。これが根付いてくれたらよかったんですが、実際に塗るとなると、やっぱりハードルが高いですよね。怪獣消しゴムが好きという方だったら、なおさら塗らないかもしれない。この無彩色の状態がいいんでしょうね。ちなみに塗ってくださったのは、「ザ☆ウルトラマン」の怪獣デザインなんかもやっていた人なんです。だから、その方がデザインしたマクダターも出したかったんですよ。HGシリーズでは難しいかもしれないけど、「墨絵スイング」だったら、しれっと混ざっててもいいというか、むしろみんな喜んでくれたと思うんです。そこはちょっと悔いが残ってる部分といえるかもしれませんね（笑）。

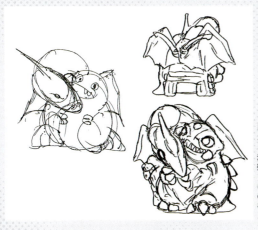

「ウルトラマンG」より伝説宇宙怪獣シラリー＆伝説深海怪獣コダラー。残念ながら、こちらは商品化までには至らなかった。左の絵は、森内氏の手で描かれたラフスケッチとなる。

「ザ☆ウルトラマン」より処刑怪獣マクダター。商品化が実現すれば、極めて貴重な立体物となったことだろう。

# ウルトラ怪獣
## 消しゴム図鑑

2019年12月5日 発行

| | |
|---|---|
| 執筆 | 柳沢 宏 |
| | ガイガン山崎 |
| | 張田精次 |
| 協力 | 張田精次 |
| | しらいしろう |
| | 邪道 |
| | キャプテンゴメス |
| | 翔太郎 |
| ブックデザイン | 大宮直人（大宮デザイン室） |
| 発行人 | 塩見正孝 |
| 編集人 | 若尾空 |
| 発行所 | 株式会社三才ブックス |
| | 〒101-0041 |
| | 東京都千代田区神田須田町 2-6-5 OS'85ビル 3F |
| | TEL 03-3255-7995（代表） |
| | FAX 03-5298-3520 |
| 郵便振替口座 | 00130-2-58044 |
| 印刷・製本 | 図書印刷株式会社 |

©円谷プロ

●本書の無断複写（コピー）は、著作権法上の例外を除いて禁じられております。
●落丁・乱丁の場合は、小社販売部までお送りください。送料小社負担にてお取り替えいたします。